A RESPONSABILIDADE DO ESTADO POR ATO LÍCITO

Josivaldo Félix de Oliveira

A RESPONSABILIDADE DO ESTADO POR ATO LÍCITO

Editora habeas

© by WVC Gestão Inteligente Comercial Ltda.

Supervisão Editorial e Coordenação Geral:
Wagner Veneziani Costa

Produção e Capa:
Equipe Técnica Madras

Capa:
Equipe Técnica Madras

Revisão:
Aralina Pereira Madalena

ISBN 85-7386-017-0

Proibida a reprodução total ou parcial desta obra, de qualquer forma ou por qualquer meio eletrônico, mecânico, inclusive por meio de processos xerográficos, sem permissão expressa do editor (Lei nº 9.610, de 19.02.98).

Um livro da

Todos os direitos desta edição reservados pela

WVC Gestão Inteligente Comercial Ltda.
Rua Francisco Baruel, 70 — Santana
02403-020 — São Paulo — SP
Tel.: (0_ _11) 6959.1127 — Fax: (0_ _11) 6959.3090
http://www.madras.com.br/wvc

DEDICATÓRIA

À Danda, esposa e companheira de sempre; e aos nossos filhos Andréa, Nicholas e Sandra Suelen, permanente e indispensável estímulo.

***

Aos meus pais adotivos Leocádio e Helena a quem, após o Criador, devo tudo que hoje sou.

***

Aos meus progenitores Josias (in memoriam) e Maria Elita, pela dádiva da vida.

***

Em especial à Aline Joyce e à Ayla Joyle, que de certo, um dia brilharão qual o arco-íris em tardes chuvosas de verão.

AGRADECIMENTOS

A DEUS, o Supremo Arquiteto do Universo, que em sua incomensurável bondade, outorgou-me a luz da vida, vem guiando meu humano caminhar, clareando os caminhos do meu sucesso, e ensinando-me a todo instante lições de vida para ser possível a realização plena dos meus sonhos. Por tudo que recebi agradeço Senhor!

DESTERRA DOS TEUS ESTUDOS A ARROGÂNCIA, NÃO TENHAS PRESUNÇÃO PELO QUE SABES, QUE TUDO QUANTO SABE O MAIS SÁBIO HOMEM DO MUNDO É NADA COMPARADO AO QUE LHE FALTA SABER.

Juan Luis Vives.

SUMÁRIO

Apresentação 11
Introdução 13

PRIMEIRA PARTE
A Responsabilidade Civil

CAPÍTULO I — Generalidades Sobre a Responsabilidade Civil
1 — Considerações Gerais sobre a
 Responsabilidade Civil 21
2 — Conceito de Responsabilidade Civil 23
3 — Ação Culposa e não Culposa do Agente 26

CAPÍTULO II – Desenvolvimento da Responsabilidade Civil
1 — Evolução da Responsabilidade Civil no Brasil 27
2 — Pressupostos da Responsabilidade Civil 28

SEGUNDA PARTE
O Estado e a Responsabilidade Civil

CAPÍTULO I — O Estado e suas Funções
1 — O Estado — Histórico 33
2 — Funções do Estado 35

CAPÍTULO II — A Responsabilidade do Estado
1 — A Responsabilidade Jurídica 39
2 — A Responsabilidade Pública 41
3 — Dicotomia entre a Responsabilidade do Estado
 e a Responsabilidade Civil do Estado 43

4 — Teorias sobre Responsabilidade do Estado 45
 4.1— *Teoria da Irresponsabilidade* 47
 4.2— *Teoria da Responsabilidade* 49
5 — Responsabilidade do Estado por Atos Ilícitos 54
6 — Pressupostos e Causas que Excluem a
 Responsabilidade do Estado 55
7 — A Responsabilidade do Estado
 no Direito Brasileiro 58

TERCEIRA PARTE
A Responsabilidade do Estado por Atos Lícitos

Aspectos Doutrinários sobre o Estado e suas Funções 63

CAPÍTULO I — O Serviço Público
1 — Conceito de Serviço Público 65
2 — Princípios da Administração 66
 2.1 — *A Supremacia do Interesse Público* 66
 2.2 — *A Indisponibilidade dos Serviços Públicos* 69

CAPÍTULO II — Do Ato Lícito
1 — O Ato Lícito 73
2 — O Ato Lícito Danoso 74
 2.1 — *Requisitos do Ato Lícito Danoso* 79
 2.2 — *Limites do Âmbito do Dano Ressarcível* 80
 2.3 — *A Responsabilidade do Estado*
   por Atos Legislativos 82
 2.4 — *A Responsabilidade do Estado*
   por Atos Jurisdicionais 85
 2.5 — *A Questão Posta à Luz da*
   Jurisprudência 89

Conclusão 93

Abreviações 95

Bibliografia 97

APRESENTAÇÃO

O professor Josivaldo Félix de Oliveira oferece contribuição significativa ao esforço que se faz em Campina Grande para dinamizar a comunidade acadêmica da Universidade Estadual da Paraíba com este seu trabalho intitulado "A Responsabilidade do Estado por Ato Lícito".

O estudo da responsabilização da Administração Pública por atos dos seus agentes ou de quem esteja a seu serviço concentra-se, quase todo, no administrado. Discutem-se as teorias diversas que ao longo dos tempos têm ocupado espaço na literatura jurídica. A isso não fugiu o nosso Professor, para abrir o assunto, demonstrando a sua familiariedade com o tema. Discorreu fluentemente sobre os diversos aspectos das questões indenizatórias. Justificou assim a primeira parte de sua exposição.

Na segunda parte passa o Mestre campinense a abordar o ponto nodal de sua dissertação, dizendo de forma direta e clara o seu pensamento sobre o dever de reparação de dano causado ao administrado no exercício do Poder Público por meio de **ato lícito**, praticado por agente do Estado ou a serviço estatal com desempenho irrepreensível pela conduta regular, em atividade exercitada de maneira legal. **Ato administrativo, direto ou indireto, que, embora lícito**, produza dano ao patrimônio privado, implica, portanto, na **responsabilidade civil da Administração Pública** com conseqüente obrigação de indenizar.

Para os leitores desavizados poderia parecer especioso o assunto de tão sutis conotações. Mas o trabalho foi sério e a pesquisa, nas fontes da melhor e mais refinada doutrina, deu como resultado uma monografia brilhante que o autor compôs para fazer jus ao título do Curso de Especialização em Direito Civil junto à UEPB, na Faculdade onde ele leciona com proficiência a Cadeira de Direito Processual Penal.

Notar que nem mesmo a absorvente função de Juiz de Direito que ele desempenha há anos, nem a dedicação aos estudos da processualística criminal intensivamente empregada no seu dia-a-dia de Magistério universitário embaraçaram, de forma alguma, a sua cosmovisão do Direito.

Resulta, dos estudos aqui expostos, desmentido eloqüente à crítica desarrazoada dos que insinuam suposto imobilismo do Direito Civil.

Bem iluminada pela doutrina invocada, firmemente fundamentada na legislação e na jurisprudência pertinentes ao Direito Positivo Brasileiro, especialmente, sem embargo de referências ao Direito Comparado, a obra do Professor Josivaldo Félix de Oliveira, vazada em linguagem clara e objetiva, que facilita o entendimento do leitor, merece os aplausos de todos os que cultivam as letras jurídicas.

Campina Grande, novembro de 1998

José Farias Tavares
Professor da Universidade Estadual da Paraíba

INTRODUÇÃO

A Responsabilidade Civil é, desde priscas eras, um dos temas mais apaixonantes e relevantes na seara jurídica, merecendo dos juristas os mais profusos estudos ante à evolução constante do conhecimento científico e tecnológico e o aumento da populacão.

No campo do Poder Público, a responsabilidade civil é matéria por demais complexa, com relevância ímpar no Direito Pátrio, principalmente com o advento da Constituição promulgada em 5 de outubro de 1988, de forma que vem sendo alvo de reiterados questionamentos ante as seqüelas positivas junto aos súditos proporcionadas pelo Estado Democrático de Direito.

Dentro deste contexto, forçoso é o reconhecimento de que, inobstante a gama de esforços desprendidos pela legislação, a doutrina e a jurisprudência, na verdade, distantes se encontram no exaurimento das questões que esse complexo tema desperta.

A evolução do instituto — é bom gizar — se fez marcante e rápida, da reiterada e antiga fase da irresponsabilidade quase que integral do Estado à sua progressiva responsabilidade quase total atualmente.

No Estado Democrático de Direito, a lei regula não só os interesses individuais como os coletivos, impondo guarida aos sofredores de atos que lesem seus direitos, afastando o favoritismo odioso de que, na Antiguidade, gozava o Rei.

Hodiernamente, é impositivo a obrigatoriedade de o Estado se submeter ao ordenamento jurídico imposto a todos os súditos pelo regime democrático de direito, cujo ideário constitui o alicerce, recepcionada a legalidade como regra, e a igualdade como princípio.

Tais atributos se encontram insertos na Constituição Federal, consubstanciando-se em garantias fundamentais de proteção ao pleno exercício da cidadania — a que se obriga o Estado — no asseguramento da inviolabilidade do direito à vida, à liberdade, à igualdade, à segurança e à propriedade.

Nessa ordem de pensamento, é inafastável o entendimento de que o objetivo essencial do Estado é, iniludivelmente, a proteção dos direitos individuais e coletivos, justificando sua intervenção na coletividade para a plena efetivação de desideratos que ela mesma não poderá atingir: a elaboração das leis, a regulamentação e a execução dos serviços públicos, bem como a manutenção da segurança e da justiça.

É aí, pois, que recepcionamos a problemática da responsabilidade do Estado por lesões que vier a causar a terceiros, no exercício de suas funções.

A indenização (ou reparação) do dano sofrido pelo particular, decorrente de condutas lesivas praticadas pela Administração Pública, é o tema central deste trabalho, sob o título de *A Responsabilidade do Estado por Ato Lícito*.

Não tenho a presunção de apresentar um trabalho vultuoso, dado a complexidade e modernidade do tema, bem como a escassez de bibliografia específica para pesquisa sobre o assunto.

O trabalho ora apresentado, tem por objeto o estudo da responsabilidade do Estado por ato lícito, sendo o interesse pelo tema derivado em parte de seu modernismo em sede de responsabilidade civil, bem como em virtude de sua complexidade, o que vem ocasionando diversas discussões, tudo em razão da dificuldade de os súditos, os jurisdicionados compreenderem como responsabilizar o Estado por condutas que não sejam ilícitas.

Alie-se a estes fatos, a escassez de bibliografia específica, porquanto os nossos escolialistas se dedicam muito mais a discorrer sobre a responsabilidade civil em um sentido geral, dedicando quando muito, um capítulo sobre a responsabilidade civil do Estado, e mesmo assim naquilo que se refere aos atos ilícitos.

A inspiração maior, todavia, foi na obra literária do Dr. Elcio Trujillo, Juiz de Direito de São Paulo e Mestre em Direito Público pela UNESP, que, em trabalho inédito intitulado *A Responsabilidade do Estado por Ato Lícito*, tratou do assunto, podemos dizer, pioneiramente, ante a especificidade do tema, sendo agraciado com o prêmio "José Frederico Marques", obtendo o 1.º lugar, da Escola Paulista da Magistratura, do Tribunal de Justiça de São Paulo no ano de 1995.

A sociedade inegavelmente evolui caminhando a passos largos em todos os campos da ciência, quer seja tecnológica, biocientífica, e mais particularmente social. Leis, notadamente, é bom gizar, no campo jurídico e legislativo, são editadas procurando adequar o sistema normativo vigente à nova ordem imposta pela dinâmica social, outorgando aos jurisdicionados, particulares, que venham a sofrer um dano de ordem patrimonial decorrente de atos ou condutas do ente público, na realização de obras ou outro afazer qualquer, e considerados lícitos, porque, autorizados por lei e em beneplácito da própria sociedade, a possibilidade de recorrer ao Judiciário buscando se ver ressarcido da lesão causada ao seu patrimônio. É aí, pois, que reside a grande importância do tema discorrido na presente monografia.

Seria um paradoxo inominável, se o Estado, criado que foi para organizar e servir à sociedade, dotando-a de condições estruturais para uma plena e harmoniosa convivência dos seus membros, não pudesse ser responsabilizado, quando, na realização de atividades lícitas em prol dessa mesma sociedade, viesse a causar danos a um dos seus membros.

Para melhor compreensão, o trabalho está dividido em três partes. Na primeira, há uma explanação rápida e sucinta sobre o tema Responsabilidade Civil, discorrido superficialmente, sobre o conceito do instituto, sobre a fonte da responsabilidade pessoal daquele que, firmando compromisso com terceiro, abriga-se ao cumprimento dos deveres derivados. São apresentados e formulados conceitos de responsabilidade civil. Embora de relance, tratou-se também de responsabilidade aquiliana, tendo por fundamento o artigo 159 do *Codex Civil*, e da responsabilidade contratual ex-vi do artigo 1.056 do mesmo Estatuto Legal e, finalmente, dissertou-se de forma sucinta sobre a evolução da responsabilidade civil no Brasil, enumerando-se os pressupostos primordiais à caracterização da responsabilidade.

A Segunda parte é sobre o tema do trabalho propriamente dito. Consubstancia-se no estudo da Responsabilidade Civil do Estado por Atos Lícitos.

Com a evolução dos costumes sociais ante o dinamismo da vida, o Estado indiscutivelmente teve aumentado o seu poder de forma considerável bem como sua participação, ocasionando, por via de conseqüência, intervenção cada vez mais freqüente e de forma relevante na vida dos particulares, submetendo-os ao seu controle, em suas relações individuais.

De ressaltar que, se de um lado, a participação estatal na vida dos particulares cresceu, por outro, não se pode olvidar que com o desenvolvimento generalizado de todos os setores, inclusive o de comunicação, impingiu-se nos súditos, os particulares, uma maior consciência de seus direitos, deveres e obrigações.

A noção de responsabilidade, por seu turno, encontra-se encravada no íntimo de cada cidadão sendo evidente a sensação de que o causador do dano e, conseqüentemente, de um prejuízo, leva à obrigatoriedade de ressarci-lo.

Para o Desembargador Yussef Said Cahali, a responsabilidade civil do Estado nada mais é que "a obrigação legal que lhe é imposta de ressarcir os danos causados por suas atividades a terceiros"[1].

O Estado, em sentido amplo, sendo pessoa jurídica de direito público, tem a obrigatoriedade de efetivar inúmeros atos para o regular funcionamento da máquina administrativa, bem como para dotar a sociedade dos serviços públicos necessários ao seu bem-estar.

Por agir assim, o Estado, como sujeito de direitos e obrigações, ao desempenhar suas funções — executivas, legislativas, judiciárias, econômicas e sociais — poderá causar prejuízos ao particular, quaisquer que sejam eles, caso em que, emerge a sua obrigação, por força de lei, de recompor as lesões patrimoniais decorrentes de sua ação ou omissão motivadora do dano, pois segundo o magistério de José Cretella Júnior, "não há responsabilidade sem prejuízo", sendo que "o prejuízo ocasionado é o dano".[2]

A obrigatoriedade de o Estado recompor o patrimônio do particular lesado por sua atuação se encontra vinculado estritamente ao seu próprio fim, haja vista que, por sua própria natureza, não se poderia admiti-lo como instituição destituída de finalidade. Negar a finalidade ao Estado seria negar o próprio Estado, descambando-se para o terreno das teorias anarquistas de Max Stiner, Bakunine e Jean Grave[3].

---

1. Cahali, Yussef Said. *Responsabilidade Civil do Estado*. São Paulo, Revista dos Tribunais, 1982, p. 1.
2. Cretella Júnior, José. *O Estado e a Obrigação de Indenizar*. São Paulo, Saraiva, 1980, p. 5.
3. Maluf, Said. *Teoria Geral do Estado*. São Paulo, Sugestões Literárias, 1978, p. 320.

No presente trabalho, a responsabilidade estudada é a patrimonial, do tipo extracontratual, objeto do estudo do Direito Administrativo. Sua teoria é de importância ímpar, posto que a possibilidade de o particular ser agraciado com indenização pelos danos imputados ao ente público, conforme preleciona Jean Rivero, "constitui peça essencial ao Estado Liberal" e "reflete uma certa forma de civilização"[4].

Nesta segunda parte da monografia, além de tratar-se da Responsabilidade Civil do Estado, dando-se destaque às teorias explicativas sobre a responsabilização e não-responsabilização do Estado, discorreu-se também sobre a responsabilidade por Atos Ilícitos e as causas excludentes de responsabilidade.

Na terceira parte, dedicou-se o trabalho a tratar da Responsabilidade do Estado por Atos Lícitos na consecução do seu mister executivo, legislativo e jurisdicional, enfocando os princípios regentes da atividade administrativa. Definiu-se o instituto do Ato Lícito bem como aquele provocador do dano.

Cuidou-se ainda dos pressupostos necessários à indenização, da delimitação do campo de abrangência do dano passível de ressarcimento e, também, do entendimento pretoriano.

Finalmente, a sinopse de todo o estudo apresentado inerente ao tema geral e ao específico. Procurou-se explicar a importância do assunto no campo da responsabilidade pública, impositiva de sua aplicabilidade ampla a todas as funções do Estado.

Espera-se, portanto, que as idéias aqui discorridas sirvam de paradigma para iluminar os caminhos do leitor na aplicação do instituto de inegável interesse social.

---

4. Rivero, Jean. *Direito Administrativo*. Trad. Rogério Ehrart Soares. Coimbra, Almedina, 1981, p. 305.

Primeira Parte

A RESPONSABILIDADE CIVIL

Capítulo I
GENERALIDADES SOBRE A RESPONSABILIDADE CIVIL

1. Considerações Gerais Sobre a Responsabilidade Civil
O desenvolvimento histórico da responsabilidade civil remonta a priscas eras, sendo certo que nos mais antigos monumentos legislativos, que antecederam por centenas de anos a civilização mediterrânea, vestígios há de que o tema fora objeto de cogitações.[5] Remonta ao ordenamento mesopotâmico, como exemplo o Código de Hamurabi, a idéia de punir o dano, instituindo contra o causador um sofrimento igual; não divergindo o Código Manu, como também não difere o antigo direito Hebreu. A civilização helênica, segundo Caio Mário da Silva Pereira, mais avançada, legou o conceito de reparação do dano causado, com sentido puramente objetivo, e independentemente da afronta a uma norma predeterminada (Ludovic Beauchet, *Histoire du Droit Privé de la République Athénienne*, vol. IV, p. 387)[6]. O estudo do instituto não se resume, todavia, a esses sistemas. É

---

5. Pereira, Caio Mário da Silva. *Responsabilidade Civil*. Rio de Janeiro, Forense, 8.ª ed., 1996.
6. *Idem*.

inegavelmente o Direito romano a fonte maior de substratos a qualquer elaboração jurídica sobre o tema.

No primitivo Direito Romano subsistia a noção basilar de delito, na qual a idéia predominante era a da vingança privada, no que não discreparam as civilizações precedentes, encontrando-se seus vestígios na Lex XII Tabularum, marcada, porém, pela intervenção do Estado, objetivando discipliná-la de uma certa forma.

Seguiram-se a essa fase, a da chamada composição voluntária, a das composições legais e da reparação pelo Estado.[7]

Na vingança privada, em que imperava a compensação do mal pelo mal, a denominada "lei de Talião", já se vislumbrava, àquela época, a possibilidade de uma composição entre a vítima e o ofensor, vez que em relação ao órgão ou membro danificado, se fazia o mesmo ao provocador do dano na hipótese de inexistência de acordo. Vislumbra-se, portanto, na situação uma possibilidade de composição voluntária, consubstanciada em solução transacional, na qual, a vítima, ao invés da imposição de igual sofrimento ao algoz, recebia deste, a título de pena, uma importância em dinheiro ou outro bem qualquer. Após essa fase, adveio aquela chamada de composição legal, em que a punição para as ofensas causadas à vítima eram simplórias. Finalmente, sobreveio a fase da composição estatal, em que, segundo Girard, consistia o instituto em "considerar o Estado interessado não somente na repressão das infrações dirigidas contra ele, mas também dirigidas contra os particulares"(Girard, Manuel, p. 413).[8]

Ante a evolução da civilização romana, as figuras delituais existentes tornaram-se obsoletas para abarcar todas os tipos de reparações. Outras situações lhes foram adicionadas, em que se não configurava um delictum, mas inegavelmente a esse se assemelhavam.

Segundo preleciona Raymond Monier, "não chegaram os jurisconsultos romanos a substituir totalmente a vingança privada por uma norma geral definidora da responsabilidade civil"[9]. Em verdade, aqueles juristas nunca chegaram a fazer uma diferença entre a pena para a reparação ou a idéia de punição e, por via de conseqüência,

---

7. Girard, Fréderic. *Manuel Élementaire de Droit Romain*, 7.ª ed., p. 419.
8. Pereira, Caio Mário da Silva. *Responsabilidade Civil*. Rio de Janeiro, Forense, 1996, p. 3.
9. Monier, Raymond. *Manuel Élementaire de Droit Romain*. Vol. II, n.º 41.

deram tratamento jurídico idêntico à responsabilidade civil e à responsabilidade criminal.

A maior revolução nos conceitos jus-romanísticos no que se refere à responsabilidade civil encontra-se na Lex Aquilia, de data incerta, mas que se fixa à era republicana. De tão destacada foi a revolução, que a ela se acopla o epíteto de aquiliana para designar-se a responsabilidade extracontratual em oposição à contratual. Foi, sem dúvida, um marco tão relevante, que a ela se imputa a origem do elemento "culpa" como fundamental na reparação do dano. A Lex Aquilia, bem assim a conseqüente "actio ex lege Aquilia" têm sido destacadas pelos romanistas e pelos civilistas em matéria atinente à responsabilidade civil.

Uma outra fase marcante na etapa da linha evolutiva da responsabilidade civil vamos encontrar no artigo 1.382 do Código Civil francês, ao recepcionar o princípio de que cada um deve responder pelo seu ato doloroso ou culposo, causador do dano a outrem, em violação ao direito instituído no dispositivo.

Vê-se, pois, que tanto na Antiguidade, quanto na era moderna, a tônica da responsabilidade civil se traduz na sua função restauradora de uma situação quebrada pelo fato danoso.

2. Conceito de Responsabilidade Civil

Desde os primórdios da humanidade a Responsabilidade Civil vem sendo alvo de inegável importância nos meios jurídicos, merecendo os mais profusos estudos daqueles que militam na seara do Direito.

Justifica-se a importância e os estudos sobre o tema, na medida em que o relacionamento social entre os indivíduos implica necessariamente uma ação comissiva ou omissiva, individual ou coletiva. Essas condutas, quando praticadas pelo indivíduo sobre certas condições, podem levar a desideratos lesantes a outrem, ensejando a apuração dos fatos por quem de direito e no chamamento do causador do evento para a responsabilização pelo dano.

A responsabilidade, no dizer de Guido Zanobini, é a expressão que serve para indicar a situação de todo aquele a quem, por qualquer título, incumbem as conseqüências de um fato danoso.[10]

---

10. Zanobini, Guido. *Corso di Diritto Amministrativo*. Milano, Dott. A. Giuffré, 6.ª ed., 1952, V. 1, p. 269.

Para Élcio Trujillo, de todos os seus significados, fundados nas mais diferentes doutrinas, aquele que mais imune tem se colocado às críticas é o que adota a noção de responsabilidade como aspecto da realidade social. Este instituto não é um fenômeno exclusivo da vida jurídica, mas antes, vincula-se a todos os campos de atuação da vida social.[11]

O indivíduo, pois, está vinculado ao cumprimento de uma obrigação, quando deriva de ato próprio ou de terceiro que esteja sob sua responsabilidade, direta ou indiretamente.

Etimologicamente, "responsabilidade" origina-se pelo verbo latino "Respondere", expressão proveniente do idioma latino, com o sentido jurídico vigorante na antiga Roma, e trasladada para o direito brasileiro em uma nova moldura e sentido jurídico característico do jus hodierno.

Atualmente, na consciência da coletividade está enraizada a idéia de que o gozo dos direitos implica necessariamente o cumprimento dos deveres impostos pelas normas societárias e vice-versa. Interessa à atividade dos exegetas descobrir normas comportamentais que melhor se adeqüem ao modo de ser e viver da moderna sociedade, buscando, desta forma, garantir os direitos individuais e coletivos, atendendo ao anseio de paz e de segurança na vida social. Voltaram-se, assim, para o estudo sistematizado dos direitos, dos atos jurídicos e dos efeitos deles resultantes, culminando na formulação do conceito moderno da responsabilidade, que no dizer de Antônio Lindbergh C. Montenegro, "é o dever jurídico imposto ao autor de um fato danoso de responder pelas conseqüências desfavoráveis experimentadas pelo lesado".[12] Ou como define simploriamente Eugênio Bonvicini, "a responsabilidade é a conseqüência jurídica do dano".[13]

Para Silvio Rodrigues a responsabilidade vem definida por SALVATIER, como sendo "a obrigação que pode incumbir uma pessoa a reparar o prejuízo causado à outra por fato próprio, ou fato de pessoas ou coisas que dela dependem".[14]

---

11. Trujillo, Elcio. *Responsabilidade do Estado por Ato Lícito*. Editora de Direito, 1.ª ed., 1996, p. 32.
12. Montenegro, Antonio Lindbergh C. *Responsabilidade Civil*. Rio de Janeiro, 1.ª ed., 1986, p. 17.
13. Bonvicini, Eugênio. *La Responsabilità Civili*. Milano, 1971, vol. I, p. 19.
14. Rodrigues, Silvio. *Direito Civil*. São Paulo, Saraiva, 12.ª ed., 1989, vol. IV, p. 4.

A professora Maria Helena Diniz conceitua a responsabilidade civil como sendo "a aplicação de medidas que obriguem uma pessoa a reparar o dano moral ou patrimonial causado a terceiros, em razão de ato por ela mesma praticado, por pessoas por quem ela responde, por alguma coisa a ela pertencente ou de simples imposição legal".[15]

Segundo o escólio de Caio Mário da Silva Pereira na conceituação da responsabilidade civil, emerge a idéia dualista de um sentimento social e humano, ao sujeitar o causador de um mal a reparar a lesão.[16]

Geneviève Vincy, procurando o conceito no Direito positivo e sofrendo as influências da política legislativa, ensina que a responsabilidade civil, na linguagem jurídica, "é o conjunto de regras que obriga o autor de um dano causado a outrem a reparar este dano, oferecendo à vítima uma compensação"(*Traité de Droit*, sous la direction de Jacques Guestin, volume sobre Responsabilité Civile, introduction, n.º 1).

Sob o ponto de vista da legislação brasileira, é no comando do artigo 159 do Código Civil que vamos encontrar a regra genérica que estabelece a responsabilidade civil para todo aquele que, por ação ou omissão, violar direito ou causar prejuízo a outrem. Trata, o dispositivo da responsabilidade aquiliana, ou seja, aquela responsabilidade que não depende, o seu advento, da existência anterior de ato ilícito do agente, de um vínculo entre este e a vítima do dano. Na parte especial do diploma civil, o legislador tratou, em dois capítulos, da responsabilidade contratual. Para sobreviver esta responsabilidade, indispensável se faz, porém, a existência, antes da conduta do agente, de um liame entre este e o outro sujeito do ajuste.

É no artigo 1.056 do mesmo Código Civil, todavia, que vamos encontrar a responsabilidade contratual, ínsita no comando de que "não cumprindo a obrigação ou deixando de cumpri-la pelo modo e no tempo devidos, responde o devedor por perdas".

Da interpretação teleológica dos dispositivos suso citados, a conclusão de que, tanto na culpa aquiliana, de que trata o artigo 159,

---

15. Diniz, Maria Helena. *Curso de Direito Civil Brasileiro*. São Paulo, Saraiva, 5.ª ed., 1990, vol. 7, p. 32.
16. Pereira, Caio Mário da Silva. *Responsabilidade Civil*. Rio de Janeiro, Forense, 8.ª ed., 1996, p. 10.

como na responsabilidade contratual, artigo 1.056, ambos do Código Civil, três atributos semelhantes surgem nos dois institutos, indispensáveis à responsabilização do causador do dano. São eles: o descumprimento da obrigação pelo agente; o dano resultante no patrimônio de outrem, causando-lhe prejuízo; o dever, imposto pelo direito ao agente, de reparar o dano causado.

3. Ação Culposa e Não Culposa do Agente

Dos conceitos retro enfocados atribuídos à responsabilidade civil, é de observar-se não fluir a idéia de o agente causador do desiderato lesante ter agido com culpa ou não culpa, haja vista que a ordem jurídica não é complacente para com o indivíduo que, agindo direta ou indiretamente, possa causar mal a outra pessoa.

A responsabilidade civil, portanto, poderá resultar de ato culposo ou não, e consistirá na efetivação da reparabilidade abstrata do dano em relação a um sujeito passivo da relação jurídica que se forma. Reparação e sujeito passivo compõem o binômio da responsabilidade civil, que então se enuncia como o princípio que subordina a reparação à sua incidência na pessoa do causador do dano.

Não interessa, pois, se o fundamento é a culpa ou a não-culpa. O que importa é que, em qualquer circunstância, em que houver a subordinação de um sujeito passivo à determinação de um dever de ressarcimento, aí estará a responsabilidade civil.

Capítulo II
DESENVOLVIMENTO DA RESPONSABILIDADE CIVIL

1. Evolução da Responsabilidade Civil no Brasil

Para Arnold Wald, a evolução da responsabilidade civil apresenta uma evolução pluridimensional, pois sua expansão se deu quanto à sua história, aos seus fundamentos, à sua extensão ou área de incidência (número de pessoas responsáveis e fatos que ensejam a responsabilidade) e à sua profundidade ou densidade (exatidão de reparação)[17].

A presunção de culpa do agente (ou do seu preposto) responsável pela provocação do dano, constitui a ampliação do tradicional conceito da culpa, em prol daquele que sofeu a seqüela daninha e fundamenta-se no princípio genérico de que todo aquele que causar dano a outrem tem a obrigatoriedade de compor o prejuízo.

A teoria da responsabilidade civil se estabeleceu por obra da doutrina, cuja figura proeminente foi o jurista francês Domat (*Lois Civiles*, Liv. VIII, seção II, art. 1.º), responsável pelo princípio geral da responsabilidade civil, doutrina de influência marcante no direito brasileiro.

Com efeito, dada à evolução tecnológica ocorrida ultimamente, que facilitou a modificação progressiva das máquinas, a multiplicação

---

17. Wald, Arnold. *op. cit.*, RT, 434:14.

das indústrias, a produção de bens em larga escala e pela circulação de pessoas por meio de veículos automotores, aumentando sobremaneira os perigos à vida e à saúde das pessoas, evidenciou-se a insuficiência da culpa para cobrir todos os prejuízos, levando a uma reformulação da teoria da responsabilidade civil dentro de um processo de humanização. Assim é que, os juristas brasileiros, sem adotar plenamente a teoria do risco, optaram por ampliar a teoria da culpa, segundo Silvio Rodrigues, "por meio dos vários procedimentos técnicos, inclusive pela preconizada adoção da teoria do risco".[18]

Apesar de menos rigoroso do que o critério baseado na teoria do risco, o método da solução jurídica utilizado no direito brasileiro, para responsabilizar o causador do dano à vítima, já representa uma notável aproximação do ideal de segurança do patrimônio alheio violado.

É preciso ser ressaltado, todavia, conforme preleciona Maria Helena Diniz, que a culpa continua sendo o fundamento da responsabilidade civil, que o risco não anulou, constituindo-se, ao seu lado, também fundamento da responsabilidade civil.[19] Reforça essa idéia Antônio Chaves, ao discorrer: "numa ocasião em que se contam às centenas de milhares as vítimas de acidentes de trânsito e das negligências ou imperícias profissionais, apresenta-se não sobre o manto da conveniência, mas de uma necessidade imperiosa lançar mão da teoria do risco".[20]

2.Pressupostos da Responsabilidade Civil

Inescusável é o reconhecimento de que a responsabilidade civil só se configura ante a presença de pressupostos imprescindíveis à sua tipificação.

Se aquiliana a responsabilidade civil, *ex-vi* do artigo 159 do Códex Civil, a condição impostergável para a sua configuração é inquestionavelmente:

---

18. *Op. cit.* n.º 1. vol. 4.
19. Diniz, Maria Helena. *Curso de Direito Civil Brasileiro*. São Paulo, Saraiva, 1993, p. 10.
20. Chaves, Antônio. *Responsabilidade Civil*. 1.ª ed., São Paulo, Bushatsky, 1972, p. 36.

I — a ação ou omissão do agente;
II — culpa do agente;
III — relação de causalidade e,
IV — o dano experimentado pela vítima.

Referentemente à existência ou não de culpa do agente, segundo o magistério abalizado de Silvio Rodrigues, "na responsabilidade objetiva, a atitude culposa ou dolosa do agente causador do dano é de menor relevância, pois desde que exista relação de causalidade entre o dano experimentado pela vítima e o ato do agente, surge o dever de indenizar, quer tenha este último agido ou não culposamente".[21]

---

21. Rodrigues, Silvio. *Responsabilidade Civil.* op. cit. n.º 1, p.10.

Segunda Parte

O ESTADO E A RESPONSABILIDADE CIVIL

Capítulo I
O ESTADO E SUAS FUNÇÕES

1. O Estado — Histórico

O objeto do tema estudado é inafastável do conceito de Estado e de suas funções, quer no aspecto político, quer no social e, mais particularmente, no campo jurídico.

Não é fácil a definição do conceito de Estado, haja vista as grandes transformações ocorridas ao longo dos tempos, indicativas da diversificação de tipos. A própria denominação de Estado, com a exata significação que lhe atribui o direito moderno, foi desconhecida até o limiar da Idade Média, quando as expressões eram "rich, imperium, land, terrae etc.".

Consoante discorre Sahid Maluf, teria sido a Itália o primeiro país a empregar a palavra Stato, embora com uma significação muito vaga. A Inglaterra, no século XV, depois a França e a Alemanha, no século XVI, usaram o termo Estado com referência à ordem pública constituída.[22] Foi Maquiavel, criador do direito público moderno, quem introduziu a expressão, definitivamente, na literatura científica.[23]

Um dos mais categorizados tratadistas do direito público, que foi iniludivelmente Blunstschli, há mais de cem anos, reconheceu ser impossível deduzir um conceito de Estado sem distinguir o Estado-idéia (ou Estado-instituição) do Estado como instituição histórica,

---

22. Maluf, Said. *Teoria Geral do Estado*. 9.ª ed., São Paulo, Sugestões Literárias, 1978, p. 36.
23. *Ibid.*, p. 36.

real, empírica. O primeiro pertence à reflexão filosófica, e o segundo é o que se estuda no Domínio dos fatos e da realidade.

Essa concepção dualística foi retomada por Kelsen, embora em outros termos. Afirma o lide da escola vienense que a ciência política encara o Estado por dois ângulos diversos, primeiro como objeto de valoração, isto é, encara o Estado como deveria ou não deveria ser; e, depois, como realidade social, ou seja, como efetivamente é.

No plano político, em que se vislumbra o Estado como fato social, os conceitos emitidos pelos estudiosos decorrem das construções doutrinárias. Uns consideram o Estado como organismo natural ou produto da evolução histórica, outros como entidade artificial, resultante da vontade coletiva manifestada em um dado momento. Uns o conceituam como objeto de direito (doutrinas monárquicas), outros como sujeito de direito ou como pessoa jurídica (doutrinas democráticas). Outros ainda o consideram como a expressão máxima do direito, incluindo em uma só realidade Estado e Direito (teoria monista).

Para Jellinek, possui o Estado dupla personalidade, a social e a jurídica, enquanto Kelsen e seus seguidores negam o Estado como realidade social concebendo-o exclusivamente como realidade jurídica. É também a concepção de Duguit, para quem o Estado é criação exclusiva da ordem jurídica e representa uma organização da força a serviço do direito.

Dalmo de Abreu Dallari, procurando destacar o componente jurídico, mas sem se afastar de fatores que não apresentem esse caráter, define o Estado como sendo "ordem jurídica soberana que tem por fim o bem comum de um povo situado em determinado território".[24] Assim, o Estado, considerado como entidade abstrata, criada pelo homem para o direcionamento da vida societária, tem sua germinação na idéia conceptiva de restrição modeladora do comportamento humano em beneplácito do interesse genérico, isto é, o que se denomina interesse público.

Manoel Gonçalves Ferreira Filho, com muita propriedade sintetiza o conceito de Estado, como sendo "uma ordem jurídica relativamente centralizada, limitada no seu domínio espacial e temporal de vigência, soberana e globalmente eficaz".[25]

---

24. Dallari, Dalmo de Abreu. *Elementos de Teoria Geral do Estado.* 11.ª ed., São Paulo, Saraiva, 1985, p. 104.
25. Ferreira Filho, Manoel Gonçalves. *Curso de Direito Constitucional.* 7.ª ed., São Paulo, Saraiva, 1978, p. 70.

O Estado, constituído que foi de forma originária, por agrupamentos humanos ainda não integrados a outras sociedades, ou de forma derivada, por outros Estados preexistentes, quer pelo fracionamento, quer pela união, progrediu ao longo dos tempos até atingir o seu estágio atual que hoje se denomina "Estado Moderno", em outras palavras, uma sociedade politicamente organizada com unidade territorial, dotada de poder soberano e formada por pessoas que se integram em função de um fim comum a ser atingido.

O poder soberano de que é dotado o Estado, na lição de Élcio Trujillo, caracteriza-se por conferir ao Poder estatal o atributo de superioridade em relação aos outros poderes, no âmbito interno, e de igualdade perante os demais Estados, no âmbito externo.[26]

O Estado, portanto, dotado que é de soberania, una e indivisível e indelegável no âmbito externo, e de autonomia no âmbito interno, possui um ordenamento jurídico que organiza sua estrutura, estabelecendo competências e regulando as relações intersubjetivas ou interpessoais, procurando estabelecer a ordem e estimular o progresso, sempre para o bem comum.

Esse Estado, juridicamente organizado e obediente às próprias leis, constituiu-se no que, hodiernamente, se denomina Estado Democrático de Direito ou ainda Estado Constitucional, no qual o poder dirigente deve ser exercido dentro de limites, previamente traçados, em nome da sociedade, sempre para o interesse e o bem estar social.

Conseqüentemente, constituiu-se o Estado Moderno em um meio para que a sociedade possa atingir seus fins, funcionando como instrumento a serviço do bem comum.

2. Funções do Estado

O Estado, como instrumento de viabilização do bem comum, desenvolve várias atividades para atingir os seus fins. Essas diferentes atividades, por seu turno, se consubstanciam nas funções do Estado, que para Cretella Júnior, deve se entender como sendo "as diferentes atividades que o organismo estatal exerce para atingir os fins a que se propõe".[27]

---

26. Trujillo, Élcio. *Responsabilidade do Estado por Ato Lícito*. São Paulo, Editora de Direito, 1996, p. 24.
27. Cretella Júnior, José. *Curso de Direito Administrativo*. 10.ª ed., Rio de Janeiro, Forense, 1989, p. 81.

Segundo a tradição, as funções do Estado têm sido tripartidas em Administrativa, Legislativa e Judiciária. Essas três funções estatais permaneceram por muito tempo concentradas na pessoa do Monarca que as delegava aos seus prepostos por razões de praticidade — operacional — ad libitum de sua idiossincrasia.

Jonh Locke e Rosseau, preocupados com as questões do Estado, conceberam doutrinas referentes à separação dos poderes.

Todavia, deve-se a Montesquieu o aprofundamento do estudo do tema, fazendo que se consolidasse e se incorporasse ao Estado Constitucional moderno a divisão clássica do exercício do poder enquanto função e também a previsão da correspondência orgânica da atividade estatal.

Nessa clássica divisão, cada uma das funções passou a corresponder ao que hoje denominamos "Poder" distinto: à função administrativa, o Poder Executivo; à função legislativa, o Poder Legislativo e, à função jurisdicional, o Poder Judiciário.

A função executiva, conforme preleciona Manoel Ferreira Filho, é diversificada, possuindo entre outras atividades, a criação e gerência dos serviços assistenciais, a direção da vida econômica e financeira da coletividade, a direção e a impulsão dos serviços públicos, obras e realizações, o amparo à promoção, o incremento e até a substituição da iniciativa privada dentro dos limites e parâmetros constitucionais, quando esta é inexistente ou desinteressada, a ampliação de suas atividades no terreno das relações internacionais, além das incursões no campo das atividades legislativas.[28]

A função jurisdicional, por seu turno, é a que atua nos casos concretos de violação à lei ou que se pretenda que o tenha sido, tendo em vista a aplicação da norma jurídica a uma norma de conflito mediante a observância do Due Process of Law. Encarregada da tarefa de distribuir a justiça aplicando o direito aos casos concretos, exerce esta função e também outras de caráter administrativo, notadamente no que se refere à organização e funcionamento de seus próprios serviços. Caracteriza-se pela aplicação contenciosa da lei e imuta-

---

28. Ferreira Filho, Manoel Gonçalves. *Curso de Direito Constitucional*. São Paulo, Saraiva, 1975, p. 103.

bilidade da decisão que produz, consubstanciada na coisa julgada de que se reveste a decisão, exaurido o sistema recursal cabível.

A função legislativa é aquela mediante a qual o Estado formatiza o seu sistema jurídico, produzindo os atos destinados a inová-lo ou aperfeiçoá-lo. A atividade ou função legiferante, conforme doutrina, Edmir Netto de Araújo compreende "o estabelecimento de regras gerais e impessoais de direito, às quais todos deverão obedecer".[29] Caracteriza-se, portanto, pela produção de atos apenas subordinados à Constituição.

As funções — executiva, judiciária e legislativa — constituem funções vitais do Estado Moderno e se referem à totalidade dos diferentes atos que podem emanar da atividade estatal.

A desmistificação do conceito de soberania, a unidade do Poder do Estado e os postulados do Estado Constitucional, são, por excelência os pilares monumentais de que se valem os escolialistas adeptos da tese da responsabilidade do Estado, afastando o dogma da irresponsabilidade e propugnando pela responsabilização ampla do ente público em todas as suas atividades, sejam elas administrativas, legislativas ou judiciárias que, se lesante ao particular, ainda que lícita a conduta, ensejará, conforme o caso, a obrigatoriedade de o Estado reparar o dano causado.

---

29. Araújo, Edmir Netto de. *Responsabilidade do Estado por Ato Jurisdicional*. São Paulo, Revista dos Tribunais, 1981, p. 19.

Capítulo II
A RESPONSABILIDADE DO ESTADO

1. A Responsabilidade Jurídica

A responsabilidade conforme preleciona Guido Zanobini, *"é a expressão que serve para indicar a situação de todo aquele a quem, por qualquer título, incumbem as conseqüências de um fato danoso"*.[30]

Para Cretella Júnior, a responsabilidade jurídica é a própria responsabilidade humana *"in genere, transposta para o campo do Direito, situação originada por ação ou omissão do agente, privado ou público, que tendo contrariado norma objetiva, obriga-o a responder com sua pessoa ou bens"*.[31]

Em Direito, segundo discorre Elcio Trujillo, responsabilidade significa *"latu sensu"*, uma obrigação; em acepção particular, indica uma obrigação decorrente de ato ilícito.[32]

Flamarion Tavares Leite assenta magistralmente ser "a noção de responsabilidade impensável sem referência ao conceito de pessoa. Com efeito, "pessoa é o sujeito cujas ações são imputáveis". A imputação de um ato a um agente pode operar-se de duas maneiras:

---

30. Zanobini, Guido. *Corso di Diritto Ammistrativo*, 6.ª ed., Milano, Dottª Giuffré, 1952. V.1, p. 269.
31. Cretella Júnior José, *op. cit.*, pp. 13-16, nota 5.
32. Trujillo, Élcio. *Responsabilidade do Estado por Ato Lícito*. São Paulo, Editora de Direito, 1986, p. 31.

ou a imputação é simplesmente crítica (o juízo pelo qual o sujeito é considerado como autor de uma ação), ou a imputação implica o juízo pelo qual reconhecem-se os efeitos jurídicos de uma ação. A esta *imputatio judiciária* corresponde a responsabilidade jurídica".[33]

Em seu nascedouro, a responsabilidade jurídica era a conseqüência apenas da violação de uma regra de direito escrito. Dada a evolução e conseqüente progressão do Direito Civil, este, em contraposição ao Direito Penal, passou a considerar como fundamento da responsabilidade não só um ato, mas também a culpa, considerando responsável aquele que causasse um dano a outrem por negligência, imperícia ou imprudência, tanto quanto aquele que agisse de modo ilícito ou intencional ao lesar terceiro.

Com essa evolução do Direito, ensina Elcio Trujillo, evoluiram também os sistemas de sanções aplicáveis. A não-penal superou a fase de execução in persona, em que a pessoa do devedor era a garantia do direito do credor, época na qual o ofensor respondia com seu corpo pelo ilícito cometido, chegando à fase em que a execução passou a recair sobre o patrimônio do devedor.[34]

Juary C. Silva destaca ser a responsabilidade civil um *"instrumento técnico destinado a recompor o equilíbrio rompido pelo dano causado a alguém. Perde assim, o seu caráter de instrumento de vingança, que sujeitava o opressor à pessoa do ofendido"*[35]

Em decorrência, recepciona-se como elemento configurador da responsabilidade civil o advento de um prejuízo a alguém, desiderato este que afeta o equilíbrio social. Daí afirmar Aguiar Dias com muita propriedade que *"o interesse em restabelecer o equilíbrio econômico-jurídico alterado pelo dano é causa geradora da responsabilidade civil"*.[36]

Em seu moderno significado, a responsabilidade civil pressupõe a individualização e a patrimonialidade da sanção; proporcionalidade entre o dano e o ressarcimento; a verificação judicial do nexo de

---

33. Leite, Flamarion Tavares. *O Conceito de Direito em Kant.* São Paulo, Ícone Editora, 1996, p. 59.
34. Trijillo, Elcio. *op. cit.*, p. 32, nota 33.
35. Silva, Juary C. *A Responsabilidade do Estado por Atos Judiciários e Legislativos.* São Paulo, Saraiva, 1985, p. 15.
36. Dias, José de Aguiar. *Da Responsabilidade Civil.* 8.ª ed., Rio de Janeiro, Forense, 1987, V. 1, p. 51.

causalidade entre o ofensor e o dano; e o princípio do alcance do *status quo ante*, mesmo que aproximado, por meio do processo de responsabilização.

O dano, a causa, o efeito e a sanção reparadora tipificam, pois, a categoria jurídica, situando-a no campo do Direito como figura jurídica de forma definida e que alcança tanto as pessoas jurídicas privadas como as públicas na busca do equilíbrio e da paz social.

2. A Responsabilidade Pública

No item presente começaremos a discorrer sobre o tema principal da monografia qual seja, a questão da responsabilidade aquiliana do Estado, ou melhor dizendo, das pessoas jurídicas de direito público que, segundo o escólio de Celso Antônio Bandeira de Mello, é, indubitavelmente, nos casos de atos ilícitos (comissivos ou omissivos) uma conseqüência do princípio da legalidade, sendo que, na hipótese de comportamentos ilícitos comissivos, também o será do princípio da isonomia ou da igualdade de todos perante a lei e, na de atos lícitos e na de danos ligados à situação criada pelo Poder Público (mesmo que o autor do prejuízo não tenha sido o Estado), do princípio da igualdade, pois o fundamento daquela responsabilidade é a garantia de uma equânime repartição dos ônus resultantes do evento danoso, evitando-se que uns suportem prejuízos oriundos de atividades desempenhadas em prol da coletividade. Funda-se a responsabilidade estatal, portanto, no princípio da isonomia, logo, deve haver igual repartição de encargos públicos entre os cidadãos, pois, se em razão de atividade administrativa somente alguns particulares sofrerem danos especiais e anormais, isto é, que não comuns à vida social, haveria um desequilíbrio na distribuição de ônus públicos se somente eles suportassem o peso daquela atividade. Daí a imprescindibilidade de se restabelecer o equilíbrio, ressarcindo os lesados à custa dos cofres públicos. Conseqüentemente, ficará a cargo do Estado a obrigação de indenizar o dano acarretado pelo funcionamento do poder Público, evitando-se que se onere alguns cidadãos mais do que outros.[37]

A esse respeito, elucidativo é o magistério de José Joaquim Gomes Canotilho ao afirmar ter sido "conquista lenta, mas decisiva

---

37. Bandeira de Mello, Celso Antônio. *Ato Administrativo e Direito Administrativo*. São Paulo, Revista dos Tribunais, 1981, p. 128.

do Estado de Direito, a responsabilidade estadual é, ela mesma, instrumento de legalidade. É instrumento de legalidade não apenas no sentido de assegurar a conformidade ao direito dos atos estaduais: a indenização por sacrifícios autoritariamente impostos cumpre uma outra função inelimináwel no Estado de Direito Material — a realização de uma justiça material".[38]

A responsabilidade pública ou a denominada responsabilidade do Estado, tal como ocorre no Direito Privado, traduz-se na obrigatoriedade de o ente público reparar os danos motivados a terceiros quando da efetivação de suas funções, e se exaure com a satisfação do pagamento da correspondente indenização.

Celso Antônio Bandeira de Melo, com o notável brilho de suas majestosas lições, define a responsabilidade patrimonial extracontratual do Estado como sendo "a obrigação que lhe incumbe de reparar economicamente os danos lesivos à esfera juridicamente garantida de outrem e que lhe sejam imputáveis em decorrência de comportamentos unilaterais, lícitos ou ilícitos, comissivos ou omissivos, materiais ou jurídicos".[39]

Explica, todavia, o renomado mestre, que "não se incluem na seara da responsabilidade estatal os casos em que a norma jurídica de direito de terceiro, sacrificando seu interesse, convertendo-o em correspondente expressão patrimonial, como sucede, p. ex., na desapropriação".[40]

Sendo o Estado uma pessoa jurídica, não pode ter vontade nem ação próprias, logo se manifestará por intermédio de pessoas físicas, que ajam na condição de seus agentes, desde que revestidos desta qualidade. Esses agentes públicos, desde as mais altas autoridades até os mais modestos trabalhadores que atuam pelo aparelho estatal, segundo Maria Helena Diniz, "tomam decisões ou realizam atividades da alçada do Estado, pois estão prepostas no desempenho de funções públicas. Logo, a relação entre a vontade e a ação do Estado e de seus agentes é de imputação direta de atos dos agentes do Estado, por isso tal relação é orgânica". [41]

---

38. Gomes Canotilho, José Joaquim. *O Problema da Responsabilidade Civil do Estado por Atos Lícitos*. Coimbra, Liv. Almedina, 1974, p. 13.
39. Bandeira de Mello, Celso Antônio. *op. cit.*, 121, 122.
40. *Ibid.*, p. 125.
41. Diniz, Maria Helena. *Curso de Direito Civil*. 7.ª ed., São Paulo, Saraiva, 7.º vol, p. 428.

Assim sendo, o que o agente público quiser ou fizer entende-se que o Estado quis ou fez. Nas relações externas não se considerará se o agente obrou ou não, de acordo com o direito, culposa ou dolosamente, pois só importará saber se o Estado agiu (ou deixou de agir) bem ou mal.[42]
De salientar que a responsabilidade estatal não se restringe à administração direta. Inclui-se, ainda, para fins de responsabilidade do Estado, as pessoas jurídicas de direito público auxiliares do Estado, as de direito privado que desempenham cometimentos estatais sob concessão ou delegação explícitas (concessionárias de serviço público e delegados de função pública) ou implícitas (sociedades mistas e empresas do Estado, no desempenho de serviço público propriamente dito).[43]

Impende, ainda, ser esclarecido que a responsabilidade do Estado é, portanto, pública, regida por princípios de Direito Público e, como tal, vai além do conceito de "meio técnico-jurídico" para composição patrimonial de conflito de interesses entre o ofendido e o ofensor, configurando uma forma de autolimitação jurídica do poder público, conseqüente da progressiva juridicização da entidade estatal, corolário do Estado Constitucional vigente.

3. Dicotomia entre a Responsabilidade do Estado e a Responsabilidade Civil do Estado

A utilização do adjetivo "civil" para qualificar a responsabilidade própria do Estado, inobstante já arraigada na literatura jurídica, vem sendo impugnada na atualidade pelos exegetas do Direito Público.

O fundamento para sustentar a posição é a de que a expressão "responsabilidade civil", quando referente à pessoa jurídica, é manifestamente pleonástica, já que as mesmas, jurídicamente, só são passíveis de se submeter a uma sanção do tipo patrimonial, caráter exclusivo da responsabilidade civil.[44]

---

42. Bandeira de Mello, Celso Antônio. *Apontamentos sobre os Agentes e Órgãos Públicos*. Revista dos Tribunais, 1972, p. 62.
43. Rodrigues, Silvio. *op. cit.*, v. 4, p. 93.
44. Trujillo, Elcio. *Responsabilidade do Estado por Ato Lícito*. São Paulo, Editora de Direito, 1986, p. 36.

No início do século, em obra de vulto, Amaro Cavalcante já fazia referência a essa concepção, sem contudo, prescindir do qualificativo "civil" para referir-se à responsabilidade própria das pessoas jurídicas. Sustentando que "a responsabilidade civil significa tãosomente, a obrigação de prestar uma reparação pecuniária que restabeleça a situação patrimonial anterior do lesado..." arremata, é porque a responsabilidade civil tem esse caráter, que a pessoa jurídica é também considerada suscetível de pena, quando esta se reduz, por exemplo, à multa ou a outras imposições de natureza puramente pecuniária.[45]

Modernamente o conceito dominante é o de que as pessoas jurídicas, por não terem qualidade física, somente respondem civilmente pelos danos ocasionados aos particulares, reparando com seu patrimônio o prejuízo pecuniário causado pela sua ação ou omissão.

Prevalece, destarte, a máxima latina de que *"societas delinquere non protest"*, em vernáculo: as pessoas jurídicas não são capazes de delinqüir.

Dentro dessa linha de pensamento, o termo "civil" surge inadequado por induzir sempre à idéia de uma relação regida pelo Direito Privado, ensejando a busca de princípios privatísticos para fundamentar a matéria, quando na verdade, a responsabilidade do Estado é informada por princípios publicísticos, exorbitantes e derrogatórios do direito comum.

A concepção de que o Estado, como pessoa jurídica pública, só responde civilmente, na esteira da evolução a que se submete o instituto da responsabilidade jurídica, tende a ser reformulado.

Na doutrina internacional vamos encontrar trabalhos tendentes à demonstração de que as pessoas jurídicas são passíveis de se submeter a outro tipo de sanção que não apenas na área cível.

O constituinte de 1988, preocupado com o aprimoramento das instituições jurídicas, recepcionou tais inovações, estabelecendo no do art. 225, § 3.º da Carta Magna, a possibilidade de as pessoas jurídicas responsabilizarem-se penalmente, por condutas geradoras de danos ao meio ambiente, sujeitando os infratores, sejam eles pessoas físicas ou jurídicas, privadas ou públicas, a sanções penais e

---

45. Cavalcante, Amaro. *Responsabilidade Civil do Estado*. Rio de Janeiro, Laemmert & C., 1905, p. 128.

administrativas. Daí asseverar, com muita propriedade, o Dr. José de Farias Tavares, que o dispositivo "realça a responsabilidade dos administradores municipais em face do que dispõe a Carta sem prejuízo da legislação estadual pertinente".[46]

Vê-se, pois, da lição do renomado membro do Parquet paraibano, a desnecessidade de se utilizar o termo "civil" para o estudo do tema.

Em razão do exposto, entendemos de no presente trabalho, utilizarmos a expressão "responsabilidade do Estado" sem qualquer outro epíteto qualificativo, como responsabilidade pública, com seu significado restrito à reparação de danos pelo Poder Público, mediante uma prestação de natureza patrimonial.

4. Teorias Sobre a Responsabilidade do Estado

O ordenamento jurídico de cada grupo de indivíduos acompanhou, durante a história, a evolução do homem e da sociedade, principalmente como reconhecimento dos direitos e garantias fundamentais. O instituto da responsabilidade do Estado, por seu turno, progrediu com todo esse processo de evolução social, passando por diversas transformações de acordo com a ordem jurídico-política vigorante.

A administração pública, à época dos governos absolutos, não possuía nenhuma parcela de responsabilidade sobre atos de seus agentes, primava a teoria da irresponsabilidade do Estado.

A doutrina da responsabilidade do Estado, todavia, evoluiu da irresponsabilidade para a responsabilidade com culpa (fase civilista) e desta para a responsabilidade sem culpa (fase publicista).

Assegura Weida Z. Brunini que a evolução desse instituto "foi conseqüência da evolução do princípio da legalidade, da teoria filosófica organicista e da própria evolução do Estado de Direito".[47]

Por outro lado, aponta Hélio Helene como causa desse processo o "reconhecimento da personalidade jurídica do Estado que o faz

---

46. Tavares, José de Farias. *O Código Civil e a Nova Constituição*. Rio de Janeiro, Companhia Editora Forense, 1992, p. 91.
47. Brunini, Weida Zancaner. *Da Responsabilidade Extracontratual da Administração Pública*. São Paulo, Revista dos Tribunais, 1981, p. 21.

sujeito de direitos e obrigações" além "da adoção do princípio da legalidade que submete a Administração Pública ao império da lei".[48]

Nos tempos modernos, a responsabilidade desse sujeito de direito é aceita universalmente, consenso expressado pela doutrina, jurisprudência e legislação dos povos civilizados.

Elcio Trujillo assenta categórico que "antes de se chegar a tal fase, foi necessário um longo período em que o labor da construção dogmática foi marcado por uma lenta e acidentada elaboração jurisprudencial e pela privação de um movimento legislativo consciente".[49]

Bielsa refere-se à evolução histórica do direito até a adoção do princípio da responsabilidade do Estado, como tendo se desenvolvido em três etapas distintas. Na primeira delas o prejudicado não tinha nenhuma ação, nem contra o Poder Público nem contra o causador do dano, devendo ele próprio suportar o prejuízo causado por aqueles. Numa etapa intermediária, o prejudicado por um ato lesivo, arbitrário ou ilegal do funcionário público, podia exercer ação contra este para reclamar a indenização correspondente; se o Estado indenizasse, podia exercer ação regressiva contra o agente causador do fato lesivo, havendo em alguns sistemas, a possibilidade da responsabilização conjunta ou mesmo solidária de ambos. Na última etapa, o prejudicado por um ato do Poder Público tem ação direta contra o Estado para demandar a indenização, quando o ato for tido como do serviço público ou quando por outro motivo, for obrigado por lei.[50]

De notar que nesta fase final apontada por Bielsa, restringe-se a concepção adotada pelo Direito Argentino de que a admissão da responsabilidade do Estado deriva de lei, prevalecendo na ausência de legislação específica, a irresponsabilidade estatal.

Já para Paul Duez essa evolução se dá de forma diversa. Assegura que numa primeira fase, dominava a irresponsabilidade da Administração, sob o fundamento de que a sua responsabilidade pecuniária constituiria um entrave perigoso à execução dos seus

---

48. Helene, Hélio. *Da Responsabilidade do Estado por Ato Legislativo*. São Paulo, Faculdade de Direito, 1984, p. 190. Tese (doutorado em direito), Faculdade de Direito, Universidade de São Paulo, 1984, p. 14.
49. Trujillo, Elcio. *Responsabilidade do Estado por Ato Lícito*. São Paulo, Editora de Direito, 1996, p. 43.
50. Bielsa, *op. cit.*, pp. 6-8, nota 6.

serviços. Na ordem patrimonial, os administrados tinham apenas a ação de responsabilidade civil do funcionário. Numa Segunda fase, a questão abordada num plano civilístico buscava nas teorias do Direito Privado, relativas aos atos dos prepostos e mandatários, o fundamento de uma responsabilidade pecuniária do Poder Público. Na terceira fase, em uma concepção original, a questão disvincula-se do Direito Civil e passa a se desenvolver no plano próprio do Direito Público, fundada na falta e no risco administrativo.[51]

Vê-se, pois, que a evolução da responsabilidade do Estado se fez em fases distintas, tendo a fundamentá-la diferentes teorias, sobre as quais passaremos a discorrer.

4.1 Teoria da Irresponsabilidade

A teoria da irresponsabilidade do Estado vigorou por um considerável período temporal, impondo aos particulares lesados pelas atividades do ente público a obrigação de suportarem, eles próprios, os prejuízos.

A irresponsabilidade absoluta, no dizer de Maria Helena Diniz, "é a doutrina mais antiga, decorrente da idéia absolutista que apresentava o Estado como um ente todo-poderoso, contra o qual não prevaleciam os direitos individuais. Assim sendo, quem contratava um funcionário público devia saber que este, enquanto presposto do Estado, não podia violar a norma, uma vez que o estado exercia tutela do direito. Se o funcionário no desempenho de sua função, lesasse direitos individuais, é ele que, pessoalmente, deveria reparar o dano e não o estado. Infere-se daí que a responsabilidade estatal era temperada, pois admitia a responsabilidade do funcionário quando o evento danoso estivesse relacionado a um comportamento pessoal. Além disso, os administrados não estavam completamente desprotegidos perante comportamento unilateral do Estado, visto que havia leis que previam sua responsabilização em certos casos, como a Lei francesa de 28 pluvioso do Ano VIII, por danos resultantes de obras públicas, por prejuízos causados por gestão do domínio privado do Estado, ou pelas coletividades públicas locais.[52]

---

51. Duez, Paul. *La Responsabilité de la Puissance Publique*. Paris, Dalloz, 1927, pp. 1-2.
52. Diniz, Maria Helena. *Curso de Direito Civil — Responsabilidade Civil*. São Paulo, Saraiva, 7ª ed., 1993, 7.º v. p. 431.

A responsabilidade temperada é a expressão lídima da soberania estatal de origem popular, em substituição à soberania de origem divina. Não se pode, todavia negar, como assevera Elcio Trujillo, que "a garantia dos direitos individuais de liberdade e propriedade, assegurados na Declaração dos Direitos do Homem e do Cidadão e nas Constituições que a sucederam, não teve ao seu alcance meios de fazer valer-se pelos seus titulares lesados, quando a violação se desse pelo próprio Estado".[53]

O Estado liberal manteve, assim, a absoluta irresponsabilidade do Poder Público, admitindo, porém a responsabilização dos seus agentes quando da prática de atos culposos.

A obrigação de o funcionário responder pelos seus atos sofria, entretanto, grandes restrições. Além da exigência da culpa grave ou do dolo para que ele fosse acionado, deveria ser solicitada prévia autorização do Estado, salvo se tratasse de falta, absolutamente, pessoal.[54]

Esse sistema, chamado de "garantia administrativa dos funcionários", foi recepcionado no comando do artigo 75 da Constituição francesa de 1791.

Preleciona Frezzini que o fundamento básico para a irresponsabilidade da Administração Pública assenta-se sobre três postulados, quais sejam:

1 — a soberania do Estado, por natureza irredutível, "proíbe ou nega sua igualdade ao súdito" e a responsabilização do soberano "envolveria uma contradição nos termos da equação";

2 — o Estado soberano representando o direito organizado, não pode "aparecer como violador desse mesmo direito";

3 — os atos contrários à lei, praticados pelos funcionários, não "podem ser considerados como atos do Estado, devendo ser pessoalmente atribuídos àqueles, como praticados não em representação do ente público, mas nomine próprio.[55]

A teoria da irresponsabilidade do Estado, também denominada feudal, regalista ou regaliana, encontrou defensores, mesmo fora do

---

53. Trujillo, Elcio. *A Responsabilidade do Estado por Ato Lícito*. São Paulo, Editora de Direito, 1996, p. 45.
54. Trujillo, Elcio. *op. cit.* p. 46.
55. Frezzini. *Responsabilitá Amministrativa*. Digesto italiano. N. 13. Apud Cahali, *op. cit.*, p. 10, nota 1.

absolutismo como os alemães Richeimann e Bluntschli e os italianos Mantellini, Saredo e Gabba.

Modernamente, não mais se admite a teoria da irresponsabilidade estatal, haja vista a valoração dos direitos não ser complacente com a idéia de que aquele que vier a ser vitimado por um procedimento lesivo do Estado, não tenha, contra o ente público, o direito de se ver reparado, devendo limitar-se a demandá-la contra o agente que diretamente causou a lesão, ainda que agindo em nome e por conta do Poder Público.

Sem defensores de peso em tempos atuais, ainda que apresente resquícios em algumas legislações como a do Peru, do México (CC, art. 1928) e da Espanha (CC, arts. 1902 e 1903) que adotam a responsabilidade direta do funcionário e só subsidiariamente a do Estado, a exclusão da responsabilidade deste sujeito de direitos tende a desaparecer. Os últimos países a abolirem-na foram os Estados Unidos e a Inglaterra, respectivamente pela *Federal Tort Claims Act*, de 1946 e pelo *Crowm proceeding Act,* de 1947[56]

4.2 Teoria da Responsabilidade
4.2.1 Teorias Civilistas

A partir do século XIX, sob a influência do liberalismo, a responsabilidade do Estado passou a ser admitida, todavia, fundamentando-se a matéria em teorias civilistas, como a do mandato ou o da representação, ou do enriquecimento sem causa, ou ainda o abuso de direito, condicionando a responsabilidade estatal à natureza dos atos lesivos praticados pelos seus agentes, ou à situação pessoal dos mesmos.

A teoria mais expressiva, notadamente na França, foi a que estabeleceu a distinção entre atos de império e atos de gestão, admitindo a obrigação de reparar apenas quanto aos últimos.

Explica Elcio Trujillo que, segundo essa teoria, as atividades desempenhadas pelo Estado classificam-se em duas espécies: as denominadas necessárias ou essenciais à garantia da existência ao Poder Público e as facultativas, realizadas para satisfazer necessidades sociais, de progresso, bem estar e cultura.

No tocante às primeiras, considerando que o Estado atuava como potestade pública, expressão do poder soberano, não se admitia a sua

---
56. Trujillo, Elcio. *op. cit.* p. 47.

responsabilização, devendo a vítima conformar-se com os danos que sofrera, uma vez que não se dera no interesse de todos os coletivos. São os denominados atos de império.

Quanto às facultativas, agia o Estado como gestor de interesses coletivos, administrando seu patrimônio como pessoa privada e, nessa qualidade, tinha sua responsabilidade reconhecida. São os denominados atos de gestão.

Entretanto, a responsabilidade de reparar danos somente se estabelecia se o funcionário tivesse agido com culpa ao lesionar o administrado.[57]

Essa teoria inobstante representasse um progresso com relação ao sistema anterior, foi alvo de incontáveis críticas. A necessidade da caracterização da culpa do agente público a cargo do particular, a individualização do agente culpado e a divisão da personalidade do Estado se configuraram em verdadeiros entraves à responsabilização do Estado.

A posteriori e, uma vez abandonada a distinção entre atos de império e atos de gestão, passou-se então a admitir a responsabilidade do Estado com fundamento na culpa do funcionário, conceito inspirado no Direito Civil.

Segundo essa teoria, a responsabilização estatal só teria cabimento quando a lesão causada ao súdito fosse derivada de uma conduta culposa do agente público. Assim, apenas as condutas revelativas da tríade imprudência, negligência ou imperícia do servidor público, levariam à obrigatoriedade de o Estado compor o dano; as condutas dolosas eram imputadas diretamente ao servidor público.

De ressaltar que, a teoria da culpa procurou, ainda, estabelecer uma variedade de distinções entre as modalidades de culpa, como *"a culpa de serviço", "culpa pessoal"*, culpa in eligendo e culpa in vigilando, para estabelecer as situações em que o Estado seria ou não responsável pelos atos danosos dos seus agentes. [58]

A teoria da culpa também se viu alvo de críticas, acabando por ser afastada, em face da existência de fatores condicionantes do comportamento do agente causador do dano para a recomposição do

---

57. Trujillo, Elcio. *A Responsabilidade do Estado por Ato Lícito*. São Paulo, Editora de Direito, 1996, p. 48-49.
58. Trujillo, Elcio. *op. cit.*, p. 49.

patrimônio lesado, conduzindo a subjetivismos tendentes a eximir a Administração da responsabilidade pelo dano.

Ante a insatisfação das teorias existentes para dirimir o problema, cada vez mais se tornava presente a idéia da necessidade de os institutos de Direito Público se desvincularem das regras do Direito privado. Daí Hely Lopes Meirelles expor esse entendimento ao afirmar que *"o Estado não pode ser equiparado com seu poder e os seus privilégios administrativos ao particular, despido de autoridade e de prerrogativas públicas, tornando-se inaplicáveis em sua pureza os princípios subjetivos da culpa civil, para a responsabilidade da Administração pelos danos causados aos administrados"*.[59]

4.2.2 Teorias Publicistas

Sustenta Elcio Trujillo que o marco desta nova fase é o caso Blanco, acontecido na França nos idos de 1873 envolvendo uma pretensão de indenização contra o Estado, em razão de acidente ocorrido com vagonete da Companhia Nacional de Manufatura de Fumo, que colheu a menina Agnès Blanco quando transportava matéria prima de um edifício a outro. Em histórica decisão do Tribunal de Conflitos, cujo relator foi o conselheiro David, declarou ser da competência da administrativa a solução da questão, por se tratar de apreciação da responsabilidade decorrente do mau funcionamento de um serviço público. Firmou-se, com isso, a autonomia do Direito Administrativo e da própria responsabilidade administrativa, aceitando-se o entendimento de que o funcionamento dos serviços públicos é regido por um regime jurídico diverso do que prevalece no Direito Privado.[60]

A partir de então, afluíram as teorias publicistas a fundamentar a responsabilização do Estado decorrente de atos lesivos da Administração Pública.

A primeira das teorias publicistas foi, inegavelmente a *"teoria da culpa administrativa"*, que representou o elo de transição entre as idéias civilistas e a doutrina publicista da responsabilidade do Estado, pois leva em conta a falta do serviço para dela inferir a responsabilidade da Administração.

---

59. Meirelles, Lopes Heli. *op. cit.*, p. 600-601, nota 18.
60. Trujillo, Elcio. *op. cit.*, p. 50-51.

Por essa teoria, a reparabilidade do dano se constituía em obrigatoriedade para o Poder Público quando seus agentes ou órgãos se portassem culposamente, por ação ou omissão, perante terceiros. É o estabelecimento do binômio falta do serviço-culpa da Administração.

A teoria da culpa administrativa, apesar do seu avanço, ainda exige muito da vítima que, além da lesão sofrida injustamente, fica no dever de comprovar a falta do serviço para obter a indenização. A falta do serviço, segundo o escólio de Paul Duez, pode apresentar-se sob três modalidades: inexistência do serviço, mau funcionamento do serviço, retardamento do serviço.[61] Ocorrendo, pois, qualquer destas hipóteses, presume-se a culpa administrativa e surge a obrigatoriedade de o Estado compor o dano mediante a verba indenizatória justa.

A teoria da culpa administrativa se insere entre as denominadas subjetivistas, sendo muito próxima da teoria da reparação do dano por culpa do Direito Civil. Difere, porém, da teoria civilista, por culpa pela natureza do fundamento da obrigação estatal de indenizar que, na lição de Edmir Netto de Araújo, passa a ser o princípio do Direito Público da "solidariedade patrimonial da coletividade frente ao ressarcimento do dano causado ao administrado, pelo órgão que representa essa mesma coletividade".[62]

Para Elcio Trujillo *"A teoria do acidente administrativo"*, sucessora da culpa administrativa, constituiu o primeiro estágio da responsabilidade objetiva do Estado. Sem abandonar o preceito de que incidia obrigatoriamente a responsabilidade estatal, quando agia o funcionário com culpa, esta teoria centralizou a questão na falha do serviço, chamada pela jurisprudência francesa de *"faute du service publique"* que se configura no funcionamento irregular, defeituoso, com retardo, ou ainda, do não funcionamento do aparelho administrativo.[63]

A responsabilidade estatal, por essa teoria, passou a ter como fundamento a anormalidade do funcionamento da Administração. O julgamento a ser feito é, portanto, o do serviço público e não do agente público, sob o princípio da perfeição e continuidade do mesmo.

---

61. Duez, Paul. *La Responsabilité de la Puissance Publique*. 1927, p. 15 e segs.
62. Araújo, Edmir Netto de, *op. cit.*, p. 31, nota 12.
63. Trujillo, Elcio. *op. cit.*, p. 51-52.

Assim, se o serviço público funcionou mal, não funcionou ou funcionou com retardo em relação ao que era razoável exigir, e dessa situação resultarem danos para o administrado, deverá o Estado ser responsabilizado, recompondo o prejuízo causado.[64]

A teoria enfocada evoluiu para a "teoria do risco administrativo", que prevalece amplamente na orientação adotada pela maioria dos doutrinadores.

A "teoria do risco administrativo" também chamada "teoria da responsabilidade objetiva" separou-se definitivamente do dogma da culpa estabelecendo como germe essencial para a imputabilidade de responsabilidade ao ente público a existência do nexo de causalidade entre o evento daninho ocasionado ao particular e o comportamento do órgão ou agente da Administração Pública que provocou o dano, em conseqüência da sua atuação.

O fundamento da teoria está no princípio da igualdade dos administrados diante do ônus e encargos públicos que devem ser eqüitativamente repartidos entre todos os súditos da coletividade, ou seja, na solidariedade patrimonial da coletividade, frente ao prejuízo suportado por um determinado administrado em conseqüência da ação danosa de um agente público.

Preleciona Hely Lopes Meirelles, majestosamente, que "a teoria do risco administrativo" faz surgir a obrigação de indenizar o dano, do só ato lesivo e injusto causado à vítima pela Administração. Não se exige nenhuma falta do serviço público, nem culpa de seus agentes. Basta a lesão, sem o concurso do lesado. E continua o mesmo administrativista afirmando que "na teoria da culpa administrativa exige-se a falta do serviço; na teoria do risco administrativo exige-se, apenas, o fato do serviço. Naquela, a culpa é presumida da falta administrativa; nesta, é inferida do fato lesivo.[65]

Vê-se, pois, que aqui não se leva em conta se houve não-culpa da Administração ou de seus agentes, sendo bastante que a vítima demonstre o fato danoso e injusto ocasionado por ação ou omissão do Poder Público. Como o nome indica, a teoria se assenta precipuamente no risco que a atividade pública gera para os administrados e

---

64. Trujillo, Elcio, *ibid.*, p. 54.
65. Meirelles, Hely Lopes. *Direito Administrativo Brasileiro*. 16ª ed., São Paulo, Editora Revista dos Tribunais, 1991, p. 547.

na possibilidade de acarretar dano a certos membros da comunidade, impondo-lhes um ônus não suportado pelos demais.

Adverte, contudo, Hely Lopes Meirelles, que a teoria do risco administrativo, embora dispense da parte da vítima a prova da culpa da Administração, permite que o Poder Público demonstre a culpa da vítima para excluir ou atenuar a indenização. E explica: "isto porque o risco administrativo não se confunde com o risco integral. O risco administrativo não significa que a Administração deva indenizar sempre e em qualquer caso o dano suportado pelo particular; significa apenas e tão-somente, que a vítima fica dispensada da prova da culpa da administração, mas esta poderá demonstrar a culpa total ou parcial do lesado no evento danoso, caso em que a Fazenda Pública se eximirá integral ou parcialmente da indenização".

Preleciona ainda Meirelles, ser a *"teoria do risco integral"* a modalidade extremada da doutrina do *"risco administrativo"*, abandonada na prática, por conduzir ao abuso e à iniqüidade social.[66] Por essa fórmula radical a Administração ficaria obrigada a indenizar todo e qualquer dano suportado por terceiros, ainda que resulte da culpa ou dolo da vítima. Daí por que foi acoimada de "brutal",[67] pelas graves conseqüências que haveria de produzir se aplicada na sua inteireza.

Assegura também o notável Meirelles que "essa teoria jamais foi acolhida entre nós, embora haja quem sustente a sua admissibilidade no texto da Constituição Federal",[68] a exemplo de Mário Masagão e Otávio de Barros.[69] Contesta, todavia tal entendimento que, na sua ótica, "se desgarra da doutrina acolhida pelo nosso direito e se divorcia da jurisprudência que se formou acerca do citado dispositivo constitucional, consagrador da teoria objetiva, mas sob a modalidade do *risco administrativo* e não do *risco integral"*.

5. Responsabilidade do Estado por Atos Ilícitos
Fato inegável é a intervenção do Estado na sociedade de forma genérica, com o fito de regular e ditar as normas societárias, o que

---

66. Meirelles, Hely Lopes, *op. cit.*, p. 548.
67. Defroidmont, Jean. *La Science du Droit Positif,* 1933, p. 339.
68. Meirelles, *op. cit.*, p. 548.
69. Mazagão, Mário. *Curso de Direito Administrativo.* 1960, p. 323; Barros Otávio de. *Responsabilidade Pública.* 1956, p. 103.

inquestionavelmente aumentou a probabilidade de lesão ao particular decorrente de condutas realizadas no desempenho das funções do Estado.

Posto assim, diante da nova realidade social com a efetiva participação do Estado na vida societária, não se pode olvidar ter a noção de responsabilidade pública sofrido um desenvolvimento notável.

Constata-se, destarte, que o Direito Administrativo ampliou, largamente, o conteúdo da responsabilidade, excedendo os limites encontrados no Direito Privado, no qual a obrigação da reparação funda-se sempre num ilícito.

Por tais razões, Maria Sylvia Zanella Di Pietro aponta a extensividade dessa relação jurídica asseverando que "a responsabilidade extracontratual do Estado corresponde à obrigação de reparar danos causados a terceiros em decorrência de comportamentos omissivos, materiais ou jurídicos, lícitos ou ilícitos, imputáveis aos agentes públicos".[70]

Caracterizará, pois, como afirma Trujillo, sempre "a responsabilidade por comportamento ilícito — decorrente, portanto, de ato ilícito — quando o Estado, devendo atuar segundo certos critérios ou padrões, em obediência à legislação, não o faz ou ainda, atua de modo insuficiente".[71]

Em tal hipótese, haverá sempre a incidência da responsabilidade tendo por escopo a violação ao princípio da legalidade.

6. Pressupostos e Causas que Excluem a Responsabilidade do Estado

De conformidade com as teorias publicistas da responsabilidade estatal e a fixação da sua natureza objetiva, inescusável é o reconhecimento de que, configurado o dano da produção de qualquer serviço público, surge para o Estado a obrigatoriedade de compor o dano mediante a justa indenização, não ficando a vítima na dependência da comprovação da culpa ou dolo por parte dos servidores que o executaram. Deflui-se, portanto, que em sede de responsabilidade objetiva, a obrigatoriedade de o ente público indenizar tem

---

70. Di Pietro, *op. cit.*, p. 355, nota 33.
71. Trujillo, *op. cit.* p. 60.

por pressuposto um dano produzido pelo agente público quando no exercício das atividades que lhe são próprias, o prejuízo patrimonial sofrido pelo administrado e o nexo de causalidade entre o dano e o ato lesivo.

Já no que se refere à responsabilidade subjetiva, o exame da legalidade do ato produtor do dano e da culpabilidade do agente ou do serviço é condição basilar à imputação ao Estado da obrigação de reparar.

O dano suscetível de indenização é o dano a um só tempo: certo e não eventual; direto, resultante de uma relação de causa e efeito; presente ou atual. O dano futuro só é indenizável quando a sua verificação for inevitável.

Diógenes Gasparino, por seu turno, sustenta que o dano ressarcível deve também apresentar um valor economicamente apreciável, não tendo sentido a indenização de dano de valor econômico irrisório.[72]

Dano reparável, portanto, é aquele que enseja uma injusta redução no patrimônio da vítima.

Exige-se ainda como pressuposto da reparabilidade estatal, a referibilidade jurídica do ato daninho ao ente público, devendo o dano vincular-se à atuação de um agente público, pessoa física que dentro do aparelho estatal age, como preposto, em seu nome, sempre no exercício de uma atividade pública — mandato, cargo, emprego ou função.

Prevalece, pois, segundo Zanobini, "a concepção de que se exclui a responsabilidade administrativa, quando não se pode identificar a pessoa física que pratica o dano e o ente público".[73] Exige-se, também, para que se origine a responsabilidade estatal, a existência de efetivo nexo etiológico, relação de causa e efeito entre o dano motivado pelo agente público e o prejuízo suportado pela vítima. Daí sustentar Cretella Júnior que "somente se conjugarão de modo harmônico para equacionamento do problema da responsabilidade, se a causa eficiente ou instrumental do prejuízo for idônea para obrigar".[74]

---

72. Gasparini, Diógenes, *op. cit.*, p. 402, nota 27.
73. Zanobini, *op. cit.*, p. 273, nota 13.
74. Cretella Júnior, *op. cit.*, p. 99, nota 2.

Logo, é de se concluir que, fato estranho à Administração não pode ser imputado a esta com o objetivo de reparação.

O Estado se eximirá da obrigatoriedade de compor o dano, quando sua causa se revestir de características especiais que a tipificam como inidôneas.

Doutrinariamente se apontam como causas excludentes da responsabilidade do Estado: a força maior, o caso fortuito, o estado de necessidade, a culpa da vítima e a culpa de terceiros.[75]

Força maior, como se sabe, é o acontecimento exterior, independente da vontade humana. São os fatores contingentes imprevisíveis à vontade do homem, acidente cuja causa é conhecida, mas que se apresenta com um caráter de irresistibilidade.

Foge, portanto, ao controle do homem e, por conseqüência, da Administração Pública.

O caso fortuito implica, essencialmente, que o acidente causador do prejuízo resulte de causa desconhecida e como tal, não poderia ter sido previsto, nem impedido.

Quanto ao estado de necessidade ocorre em momentos de graves pertubações ou comoções sociais, quer por fatos exteriores, ou de guerra, quer por força de fatos internos ou revolução. Como causa excludente da obrigação de indenizar, figura como situação em que predomina o interesse geral sobre o pessoal, ou sobre a conveniência, ou mesmo os direitos individuais.

O dano imputável à culpa do lesado, quando este o tornou inevitável ou o agravou, exclui total ou parcialmente a responsabilidade do Estado. Da mesma forma o dano indireto, provocado mediante a intervenção de um terceiro exclui o Estado de responder pelas conseqüências danosas. Se o dano provém, simultaneamente, do ato de um particular e do ato da Administração Pública, esta será responsável pelo limite que lhe couber.[76]

Observe-se, finalmente, que a indenização do dano quando cabível, deve ser a mais completa possível, compensando-se de forma integral os prejuízos sofridos pela vítima, incluindo-se, destarte, os danos emergentes, os lucros cessantes, os juros, as custas e emolu-

---

75. Cretella Júnior, *op. cit.*, p. 100, nota 2.
76. Trujillo, Elcio, *op. cit.*, p. 64.

mentos, os honorários advocatícios bem como, em países como o nosso, em que há grande variação no poder aquisitivo da moeda e mudanças constantes no padrão monetário, a atualização do valor via instituto da correção monetária que nada mais é do que a atualização do poder aquisitivo da moeda no tempo e no espaço, não representando, portanto, qualquer plus que se acresce, mas sim, repito, mera atualização.[77]

7. A Responsabilidade do Estado no Direito Brasileiro

O Direito brasileiro alternou entre as doutrinas subjetiva e objetiva da responsabilidade da Administração. Desde a fase imperial, os juristas pátrios mais progressistas se inclinavam à recepção da responsabilidade sem culpa fundada na teoria do risco que se iniciava na França, mas encontraram decidida oposição dos civilistas apegados à doutrina da culpa, dominante no direito privado, porém, inadequada para o direito público, como demonstram os nossos mais autorizados monografistas.[78]

Àquele período imperial, discorre Elcio Trujillo, "inobstante não houvesse qualquer disposição geral acolhedora da responsabilidade patrimonial do Estado ela era adotada em leis e decretos específicos."[79]

Assim é que a Constituição de 1824, em seu artigo 179, n.º 29, estabelecia a responsabilidade dos empregados públicos pelos abusos e omissões praticados no exercício de suas funções, salvo no que respeitava ao Imperador, que gozava do privilégio da irresponsabilidade (art. 99). Havia assim, com referência àquele dispositivo, a compreensão de que o Estado respondia solidariamente aos atos de seus agentes.

Também a Constituição Republicana de 1891 estabelecia comandos tendentes à responsabilização dos funcionários públicos pelos abusos e omissões praticados no desempenho de suas atribuições ou quando fossem indulgentes com seus subalternos (art. 82). Não era, na hipótese, defeso a solidariedade do Estado no ressarcimento do dano.

---

77. Trujillo, Elcio, op. cit., p. 64-65.
78. Meirelles, Hely Lopes. Curso de Direito Administrativo. São Paulo, ERT, 1991, p. 549.
79. Trujillo, Elcio. A Responsabilidade do Estado por Ato Lícito. São Paulo, Editora de Direito, 1996, p. 71.

Concomitantemente à disposição constitucional citada, vigoravam, ainda, leis e decretos tornando explícita a responsabilidade da fazenda Pública por atos lesivos praticados por seus agentes.

O Códex Civil Brasileiro, recepcionou em seu artigo 15 a doutrina subjetivista dominante àquela época, estabelecendo o comando de que *"as pessoas jurídicas de direito público são civilmente responsáveis por atos de seus representantes que nessa qualidade causem dano a terceiros, procedendo de modo contrário ao direito ou faltando a dever prescrito por lei, salvo o direito regressivo contra os causadores do dano"*.

Ficou consagrado no dispositivo a responsabilidade das pessoas jurídicas de direito público como pressuposto da culpa da Administração Pública. A imprecisão legislativa, todavia, propiciou vasta divergência na interpretação do citado artigo. Entenderam alguns juristas, pela redação do texto legislativo, haver a possibilidade da aplicação da teoria do risco.[80]

Para Hely Lopes Meirelles, o questionado art. 15 do Código Civil, jamais admitiu a responsabilidade sem culpa, exigindo sempre e em todos os casos, a demonstração desse elemento subjetivo, para a responsabilização do Estado.[81]

Não é divergente o pensamento de Alvino Lima, em brilhante tese sobre o tema, na qual sustenta que: "O Código Civil Brasileiro seguindo a tradição de nosso direito, não se afastou da teoria da culpa, como princípio genérico regulador da responsabilidade extracontratual".[82]

Impende esclarecer que, inobstante insatisfatória a orientação adotada por nosso legislador civil para a composição dos danos causados pelo Estado, forçoso é o reconhecimento da permanência entre nós da doutrina da culpa subjetiva, até o advento da Constituição de 1946, que, no artigo 194, recepcionou a teoria objetiva do risco administrativo, revogando em parte o art. 15 do Código Civil. É o entendimento dos consagrados escolialistas Aguiar Dias, Seabra Fagundes e o sempre festejado Hely Lopes Meirelles. Contrariando essa tese, contudo, vamos encontrar o pensamento abalizado dos não

---

80. Meirelles, *op. cit.*, p. 549, nota 3; Chahali, *op. cit.*, p. 22, nota 1.
81. *Ibid.*, p. 550.
82. Alvino Lima, *Da Culpa do Risco*. 1938, p. 174.

menos famosos Themístocles Cavalcanti, Pontes de Miranda, Alfredo de Almeida Paiva, Arnóbio Wanderley e A. Gonçalves de Oliveira.

Ressalte-se, ainda, que a recepção da teoria da responsabilidade objetiva, conforme lição de Trujillo, deu-se, também, na Constituição de 1967 (art. 105) e de 1969 (art. 107), com ampliação, entretanto, da qualidade da pessoa jurídica responsável, restrita nas Constituições anteriores apenas às de direito público interno.[83]

A atual Constituição do Brasil, no § 6.º do artigo 37, fiel às linhas traçadas nas Constituições anteriores, orientou-se pela doutrina do direito público e manteve a responsabilidade objetiva da Administração, sob a modalidade do risco administrativo.

Observa Elcio Trujillo que, "se há consenso entre os juristas brasileiros de que o nosso direito constitucional adotou a teoria da responsabilidade objetiva do Estado, há muita divergência para sua aplicação, questionando-se a extensão do conceito de responsabilidade subjetiva, tendo em vista a teoria que lhe deve servir de fundamento".[84]

Via de conseqüência, hodiernamente, encontra ressonância a afirmação de Caio Tácito, do início da metade do século, de que: *"A teoria do risco, não obstante a valia de seus ilustres prosélitos, não conquistou, ainda, a chancela dos pretórios, nem a unanimidade da doutrina"*[85].

---

83. Trujillo, Elcio. *A Responsabilidade do Estado por Ato Lícito*. São Paulo, Editora de Direito. 1996, p. 72.
84. Trujillo, *op. cit.*, p. 73.
85. Tácito, Caio. *Tendências Atuais sobre a Responsabilidade Civil do Estado*. Comentário. Revista de Direito Administrativo, Rio de Janeiro, v. 55, pp. 262-272, jan./mar. 1959, p. 270.

Terceira Parte

A RESPONSABILIDADE DO ESTADO POR ATOS LÍCITOS

ASPECTOS DOUTRINÁRIOS SOBRE O ESTADO E SUAS FUNÇÕES

A responsabilização do Estado por atos lícitos abrangendo todas as suas funções — executiva, legislativa e judiciária — tem por fundamento lógico e impostergável o Estado Constitucional, apanágio essencial da Democracia na qual a nação dita regras e normas para o Estado.

No Estado Democrático de Direito, o chamado Estado Constitucional, as funções do Poder Soberano, unitário em sua essência, dividem-se entre órgãos específicos consubstanciados nos "Poderes", que atuam de forma independente, dentro dos limites estabelecidos pelo ordenamento jurídico, exercendo cada um deles, por atribuição constitucional, competência pública delimitada.

As funções executiva, legislativa e judiciária, estabelecidas nos ordenamentos jurídicos do constitucionalismo ocidental, conforme preleciona Elcio Trujillo, "compõem as funções formais do Poder estatal, constituindo-se em meios para o seu exercício".[86] Diferem das funções do Estado, conforme salienta José Roberto Dromi, uma vez que estas últimas, funções materiais formadoras de uma categoria

---

86. Trujillo, Elcio, *op. cit.*, p. 75.

única de prestações e atividades públicas, destinam-se a alcançar os fins da comunidade política, qual seja, o bem comum.[87]

E, como bem observa Celso Ribeiro Bastos, Montesquieu concebia sua teoria da separação dos poderes como *"técnica posta a serviço da contestação do poder pelo próprio Poder. Nenhum dos órgãos poderia se desmandar a ponto de instaurarem a perseguição e o arbítrio, porque nenhum desfrutaria de poderes para tanto."*[88]

Diante de tais circunstâncias, conforme já retro apontado, o Poder do Estado, mediante suas diversas funções, exerce atividades comuns, com preponderância de uma o que justifica sua própria denominação.

A responsabilização do Estado é decorrente da personalização deste ente e da sua subordinação ao Direito. E dentro do campo indenizatório pela prática de ato lícito é amplamente reconhecido na doutrina a possibilidade de o Estado, no exercício de suas funções, a pretexto de satisfazer um interesse público, atingir um número restrito de pessoas, causando-lhes um dano patrimonial. O questionamento que se faz, portanto, é a respeito da existência ou não da obrigação jurídica de o Estado indenizar.[89]

O princípio da submissão à ordem jurídica, corolário do Estado Constitucional, não deixa márgens a interpretações outras ao não excetuar nenhuma de suas funções dentro dos limites fixados pelo ordenamento constitucional.

Não há, em conseqüência, tratamento diferenciado dentro das funções estatais, condição tornada clara em face do avanço dos estudos de direito administrativo.

Os danos causados, pois, por condutas praticadas no exercício das funções do Estado amparadas na lei é o que passaremos a estudar.

---

87. Dromi, *op. cit.*, t. 1, p. 18, nota 23.
88. Bastos, Celso Ribeiro. *Elementos de Direito Constitucional*. 2ª ed., São Paulo, Revista dos Tribunais, 1981, p. 97.
89. Trujillo, Elcio. *A Responsabilidade do Estado por Ato Lícito*. Editora de Direito, São Paulo, 1996, p. 77.

Capítulo I
O SERVIÇO PÚBLICO

1. Conceito de Serviço Público

O serviço público na lição de Celso Ribeiro Bastos, *"consiste no conjunto de atividades que a administração presta visando o atendimento de necessidades que surgem exatamente em decorrência da vida social, própria do homem, embora também atendam interesses individuais. Trata-se, portanto, fundamentalmente da satisfação de algo que emerge da vida em sociedade"*[90]

Assegura Bandeira de Mello que *"serviço público é toda atividade de oferecimento de utilidade ou comodidade material fruível diretamente pelos administrados, prestados pelo Estado ou por quem lhe faça as vezes, sob um regime de direito público — portanto consagrador de prerrogativas de supremacia e restrições especiais — instituído pelo Estado em favor dos interesses que houver definido como próprios no sistema normativo"*.[91]

De referidos conceitos, a conclusão incontroversa de que o serviço público é uma função, uma tarefa, uma atividade da Administração Pública, destinada a satisfazer as necessidades de interesse geral da sociedade.

Por isso, com muito acerto Cretella Júnior ensina que *"serviço público é toda atividade administrativa que o Estado exerce, direta*

---

90. Bastos, Celso Ribeiro. *Curso de Direito Administrativo*. São Paulo, Saraiva, 1ª ed., 1994, p. 158.
91. Bandeira de Melo, Celso Ribeiro. *Curso de Direito Administrativo*. São Paulo, Malheiros Editores, 4ª ed., 1993, p. 306.

ou indiretamente, para a satisfação do interesse público, mediante procedimento de direito público".[92]

2. Princípios da Administração

Etimologicamente, princípio pode ser compreendido como conceito fundamental de uma doutrina ou lei.

A Administração Pública, no seu mister de pôr em prática seus serviços sempre como um interesse público manifesto, submete-se a princípios de natureza variada. Entre os princípios regentes das atividades administrativas, os de real interesse constitutivos de dever da Administração, passíveis de exigências pelos súditos, até mesmo pela via jurisdicional, são os princípios jurídicos.

Segundo Elcio Trujillo, a Constituição Federal de 1988 deu status constitucional, em seu artigo 37, a certos princípios administrativos que anteriormente não eram assim considerados de forma expressa, embora decorressem do ordenamento jurídico: era a doutrina que se encarregava de estabelecer a principiologia da Administração.[93]

Edmir Netto de Araújo salienta que são dois os princípios mais importantes, informativos da atividade administrativa, um deles expressamente mencionado na Constituição, que é o da legalidade; outro, não expressamente citado, embora tão ou mais importante que o primeiro, é o da primazia ou supremacia do interesse público. Estes princípios, inclusive, informam todos os demais, mesmo aqueles expressos pelo artigo 37 da Carta Magna: moralidade, impessoalidade e publicidade.[94]

2.1. A Supremacia do Interesse Público

Pontifica Elcio Trujillo que o princípio da primazia ou também denominado supremacia do interesse público relaciona-se à noção de *puissance publique e fundamenta-se nas próprias idéias iniciais da entidade Estado, em que os membros de certa coletividade abdicam, como dizia* Hobbes, em seu "Leviatã", de parte de sua liberdade integral em favor de um comando disciplinador para a vida

---

92. Cretella Júnior, *op. cit.*, p. 409, nota 8.
93. Trujillo, Elcio. *A Responsabilidade do Estado por Ato Lícito*. São Paulo, Editora de Direito, 1996, p. 82.
94. Araújo, *op. cit.*, pp. 134-135, nota 58.

nessa mesma comunidade, tomando medidas para sua defesa, segurança e progresso. Como a esse comando são deferidas atribuições de interesse geral, ele terá o poder de ditar regras gerais de comportamento para a vida em comum, que deverão por todos ser obedecidas, e tais regras e atos, de interesse geral (público) devem preponderar sobre os interesses particulares.[95]

Destarte, se o interesse geral e coletivo (interesse público) prepondera sobre o particular, o regime jurídico das relações do poder Público com seus integrantes é exorbitante do direito comum, que rege as relações entre os particulares, e permite a restrição e até o sacrifício de interesses ou mesmo direitos individuais para que seja cumprido um fim de interesse da coletividade.[96]

Assim, como a idéia da atribuição ao Estado de tais poderes está assentada na realização dos interesses gerais, é inadmissível que o Estado, por suas entidades e agentes, atue contra ou sem visar ao máximo interesse público.

Bandeira de Mello referindo-se a esse princípio, sustenta:
"Trata-se de verdadeiro axioma reconhecível no moderno direito público. Proclama a superioridade do interesse da coletividade, firmando a prevalência dele sobre o do particular, como condição, até mesmo, da sobrevivência e asseguramento deste último.

É pressuposto de uma ordem social estável, em que todos e cada um possam sentir-se garantidos e resguardados.

No campo da administração, desde o princípio procedem as seguintes conseqüências ou princípios subordinados:

a) posição privilegiada do órgão encarregado de zelar pelo interesse público e de exprimi-lo, nas relações com os particulares;

b) posição de supremacia de órgão nas mesmas relações".

E prossegue:
"Esta posição privilegiada encarna os benefícios que a ordem jurídica confere a fim de assegurar conveniente proteção aos interesses públicos, instrumentando os órgãos que os representam para um bom, fácil, expedito e resguardado desempenho de sua missão. Traduz-se em privilégios que lhe são atribuídos. Os efeitos desta posição são de diversas ordens e manifestam-se em diferentes campos.

---

95. Trujillo, *op. cit.*, pp. 82-83.
96. *Ibid.*, p. 83.

Não cabem aqui delongas a respeito. Convém, entretanto, lembrar, sem comentários e precisões maiores, alguns exemplos: a presunção de veracidade e legitimidade dos atos administrativos; o benefício de prazos em dobro para a intervenção ao longo do processo judicial; a posição de ré, fruída pela Administração, na maior parte dos feitos, transferindo-se ao particular a situação de autor com os correlatos ônus, inclusive os de provas; prazos especiais para prescrição das ações em que é parte o Poder Público etc...

A posição de supremacia, extremamente importante, é muitas vezes metaforicamente expressada por intermédio de afirmação de que vigora a verticalidade nas relações entre Administração e particulares; ao contrário da horizontalidade, típica entre estes últimos.

Significa que o Poder Público se encontra em situação autoritária, de comando, relativamente aos particulares, como indispensável condição para gerir os interesses postos em confronto, a possibilidade, em favor da Administração, de constituir os privados em obrigações por meio de ato unilateral daquela. Implica, outrossim, no direito de modificar, também, unilateralmente, relações já estabelecidas. Tal prerrogativa se expressa nas diferentes manifestações daquilo que a doutrina francesa chama "puissance publique", correspondendo ao "jus imperii"[97]

Esta situação autoritária a que se refere Bandeira de Mello, se exterioriza no chamado poder de polícia da Administração. É que em razão da supremacia dos interesses públicos sobre os privados, a Administração, funcionando como guardiã do bem-estar coletivo — portanto, social — exerce o denominado "Poder de Polícia", nos termos da lei, impondo ao particular as restrições necessárias à preservação do direito coletivo.

Conceituando o Poder de Polícia e relacionando-o ao princípio da legalidade, Caio Tácito assevera que *"o poder de polícia, é em suma, o conjunto de atribuições concedidas à administração para disciplinar e restringir, em favor de interesse público adequado, direitos e liberdades individuais. Essa faculdade administrativa não violenta o princípio da legalidade porque é da própria essência*

---

97. Bandeira de Mello, Celso Antonio. *O Conteúdo do Regime Jurídico-Administrativo e Seu Valor Metodológico*. São Paulo, v. 2, pp. 44-61, out./dez, 1967, pp. 44-45.

constitucional das garantias do indivíduo a supremacia dos interesses da coletividade".[98]

Vê-se, pois, que também é princípio basilar do Direito Administrativo a pertinência do poder de polícia à Administração, isto é, como afirma Elcio Trujillo, "a prerrogativa de conformar o interesse privado aos interesses públicos, limitando ou condicionando o exercício daquele em função da supremacia destes últimos".[99] Não se deve, todavia, olvidar que o exercício de tal poder pressupõe sempre uma habilitação legal expressa ou implícita.[100]

Afirma ainda Trujillo que, *"a combinação da posição privilegiada com a posição da supremacia resulta a exigibilidade dos atos administrativos — "droit do préabele" dos franceses — a executoriedade, muitas vezes até com recurso da compulsão material sobre a pessoa ou a coisa, como a chamada execução de ofício".*[101]

Derivam também da conjugação desses preceitos suso apontados, a possibilidade de a Administração proceder a revogação de seus próprios atos mediante manifestação unilateral de vontade, bem como decretar nulidades deles, quando viciados. São os princípios da revogabilidade e anulabilidade dos atos administrativos pela própria administração. Estes últimos cânones mencionados consubstanciam-se na chamada autotutela da Administração.

Impostergável é o reconhecimento de que estes princípios se apresentam como decorrências sucessivas, uns dos outros, sofrendo, todavia, limitações e temperamentos e, obviamente, têm lugar na conformidade do sistema normativo vigorante, de acordo com seus limites e condições, respeitados os direitos adquiridos e a coisa julgada, sustentáculos da estabilidade jurídica.

2.2. A Indisponibilidade dos Serviços Públicos

A indisponibilidade dos serviços públicos nos ensinamentos abalizados de Bandeira de Mello, *"significa que sendo interesses qualificados como próprios da coletividade — internos ao setor público — não se encontram à livre disposição de quem quer que*

---

98. Tácito, Caio. *O Poder de Política e Seus Limites*. Revista de Direito Administrativo, Rio de Janeiro, v. 27, pp. 1-33, jan./mar. 1952, p. 18.
99. Trujillo, Elcio, *op. cit.*, p. 85.
100. *Ibid.*, pp. 85-86.
101. Trujillo, Elcio, *op. cit.*, p. 86.

seja, por inapropriáveis. O próprio órgão administrativo que os representa não tem disponibilidade sobre eles, no sentido de que lhe incumbe apenas curá-los — o que é também um dever — na estrita conformidade de que predispuser a intentio legis"[102]

Não pode, portanto, o Estado furtar-se às suas atribuições de organizar a sociedade provendo-lhes os serviços que se exercitam por intermédio da função administrativa, mediante o conjunto de órgãos (chamados administração em sentido subjetivo ou orgânico), veículos da vontade estatal consagrada em lei.

A par da subordinação da atividade administrativa à lei, preleciona Bandeira de Mello com muita propriedade: *"Uma vez que a atividade administrativa é subordinada à lei, e firmado que a Administração, assim como as pessoas administrativas, não têm disponibilidade sobre os interesses públicos, mas apenas o dever de curá-los nos termos e finalidades predeterminadas legalmente, compreende-se que estejam submetidas aos seguintes princípios:*

   a) da legalidade;
   b) da obrigatoriedade do desempenho de atividade pública;
   c) do controle administrativo da tutela;
   d) da isonomia, ou igualdade dos administrados em face da administração;
   e) da inalienabilidade dos direitos concernentes a interesses públicos."[103]

O princípio da legalidade consubstancia-se na subordinação da atividade administrativa à lei, significando que o administrador público está, em toda atividade funcional, sujeito aos mandamentos legais e às exigências do bem comum, e deles não se pode afastar ou desviar sob pena de responder pela falta.

O princípio da obrigatoriedade do desempenho da atividade pública significa o "dever" em que se encontra a Administração em face da lei.

Assim é que o interesse público, fixado em lei, não está à disposição da vontade do administrador mas sim surge como um comando para este.[104]

---

102. Bandeira de Mello, *op. cit.*, p. 48, nota 80.
103. *Ibid.*, p. 49.
104. Trujillo, Elcio. *A Responsabilidade do Estado por Ato Lícito*. Editora de Direito, São Paulo, 1996, p. 90.

Derivado desse princípio, temos o da continuidade do serviço público que decorre da obrigatoriedade do desempenho da atividade administrativa, sendo esta última oriunda do princípio fundamental da "indisponibilidade", para a Administração, dos interesses públicos.[105]

O princípio do controle administrativo ou tutela, está intimamente ligado ao da indisponibilidade dos interesses públicos. O Estado, por meio da Administração, efetiva a persecução de interesses que consagrou como pertinentes a si próprio. A implementação deles é realizada pelo próprio Estado, mediante os diversos órgãos administrativos.

Por seu turno, o princípio da isonomia ou da igualdade dos administrados em face da Administração firma a tese de que esta não pode desenvolver nemhuma espécie de favoritismo ou desvalia em proveito ou detrimento de alguém.

Importante salientar que, em verdade, seguindo esse princípio, todos são iguais perante a lei, mas nas mesmas condições, tratando-se desigualmente os desiguais, mas não aqueles que em idêntica situação se encontram perante o ato em apreciação.[106]

---

105. Trujillo, Elcio, *op. cit.*, p. 90.
106. *Ibid.*, p. 92.

Capítulo II
DO ATO LÍCITO

1. O Ato Lícito
Tratamos até agora daqueles atos ditos ilícitos e que surgem em decorrência do comportamento da Administração ensejando o direito à reparação mediante justa indenização.

Na hipótese ocorre uma real e efetiva violação ao mandamento legal, em outras palavras, o ente público contraria aquilo que, seguindo princípios, estaria na obrigatoriedade de cumprir.

Quando deixa de cumprir os mandamentos legais, a Administração atinge frontalmente o princípio da legalidade, apanágio maior da democracia, na qual o Estado submete-se ao império da lei, isto é, o Estado e as autoridades não podem desobedecer à lei, dogma democrático cujo fito é combater o arbítrio, porquanto só a lei pode criar obrigações para o súdito, como expressão da vontade geral.

É imperativo, pois, que o Poder Público, via administração, como afirma Trujillo, "só pode fazer o que a lei determina ou permite, devendo agir de acordo com a lei e o interesse público, de resto conforme o disposto no artigo 37 da Constituição Federal".[107]

Contrariando esse limite, surge para o Estado a obrigação de indenizar, restando à Administração, na hipótese de indenização ao particular, o direito regressivo contra o agente responsável pelo descumprimento do mandamento legal, ou seja, o promotor do ato reconhecido como ilícito.

---

107. Trujillo, Elcio, *op. cit.*, p. 93.

Feitas estas ponderações referentes aos atos que contrariam disposição legal, ou seja, os atos ilícitos, discorreremos doravante sobre o que entendemos como atos praticados sob os limites legais, isto é, o ato lícito.

O ato lícito praticado pela Administração, por intermédio de agente público, regularmente investido de poderes, visa ao atendimento dos próprios fins do Estado e, por conseqüência, nos limites do manifesto interesse público.

Ante o sempre crescente intervencionismo do Estado na sociedade, sendo abrangente essa condição, aumentaram as áreas de atuação da Administração e, conseqüentemente, dos atos praticados no sentido de atender aos interesses postos sob sua tutela.

Daí entender Elcio Trujillo que, "diante dessa realidade social, sendo inconteste a participação do Estado em todos os seguimentos da sociedade, a noção de responsabilidade pública sofreu considerável desenvolvimento com constante alargamento, motivando a desvinculação da responsabilidade individual do agente público e adquirindo, por conseqüência, caráter mais objetivo, tornando mais claras as hipóteses de responsabilidade estatal, a reparação decorrentes de atos lícitos, por risco e também pelo fato das coisas".[108]

Assim sendo, inegável é o reconhecimento de que o comportamento da Administração emerge em duas vertentes: a primeira, quando não obedece aos ditames legais gerando os chamados atos ilícitos; a segunda, quando no seu performance cumpre, na íntegra, o mandamento legal, gerando os atendimentos e os serviços dentro do seu limite de atuação visando ao interesse público.

Entendemos, pois, que em tema de responsabilidade, é de se compreender perfeitamente possível o advento de danos ou prejuízos causados pela Administração, mesmo quando se submete, integralmente, à observância do princípio da legalidade.

2. O Ato Lícito Danoso

Maria Sylvia Zanella Di Pietro pontifica que "a responsabilidade extracontratual do Estado corresponde à obrigação de reparar danos causados a terceiros em decorrência de comportamentos comissivos

---

108. Trujillo, Elcio. *A Responsabilidade do Estado por Ato Lícito*. São Paulo, Editora de Direito, 1996, p. 94.

ou omissivos, materiais ou jurídicos, lícitos ou ilícitos, imputáveis aos agentes públicos"[109]

Elcio Trujillo demonstra com clarividência que, *"fixado o limite fomentador da indenização extracontratual do Estado motivado pelos diversos comportamentos, quer materiais ou jurídicos, dentro da responsabilidade objetiva, cumpre apontar no patamar referendado — prática de ato lícito — quando caberá o amparo ao particular.*

Tal circunstância indica que não é todo ato lícito que motivará indenização, mas sim aquele que trouxer ou motivar prejuízos diversos ao particular.

Para tanto, facilitando a compreensão de que alguns atos, embora lícitos, motivam indenização e outros não, cumpre apontar a existência de condicionamentos de direitos e sacrifícios de direitos".[110]

Carlos Ari Sundfeld salienta que, *"na relação jurídico-administrativa decorrente dos condicionamentos administrativos, o Poder Público desfruta de poderes de autoridade, inexistentes nas relações privadas"*[111]

Nessa condição — condicionamentos de direitos — a Administração regula os direitos, compatibilizando sua aquisição e exercício com os interesses públicos, sem desnaturá-los ou sacrificá-los.

Todavia, ainda segundo o magistério de Sundfeld, *"O Estado dispõe, igualmente, de poderes para sacrificar os direitos patrimoniais privados, total ou parcialmente, quando isso se tornar necessário à realização dos interesses públicos e sociais, tal como definidos em lei. Estamos aqui diante de técnica de intervenção muito mais acentuada do que a referente aos condicionamentos administrativos, a justificar a existência, como pressuposto de seu exercício, de limites e procedimentos bastante diferenciados".*[112]

Assim, o sacrifício de direito se define, na lição de Sundfeld, "como a situação subjetiva passiva, imposto compulsoriamente pela

---

109. Di Pietro, *op. cit.*, pp. 355, nota 33.
110. Trujillo, Elcio. *A Responsabilidade do Estado por Ato Lícito.* São Paulo, Editora de Direito, 1996, p. 95.
111. Sundfeld, Carlos Ari. *Direito Administrativo Ordenador.* São Paulo, Malheiros Editores, 1993, p. 73.
112. *Ibid.*, p. 86.

administração, com base em lei, aos titulares de direitos de conteúdo patrimonial (...) implicando em compressão (parcial ou temporária) do conteúdo do direito ou em sua extinção, para permitir a sua afetação a um interesse público social"[113]

Vê-se assim que, ao contrário dos condicionamentos de direitos, em que o ato apenas se limita a definir, a nível genérico, os contornos do direito. Portanto, atingindo a todos, os sacrifícios de direitos, como situação passiva subjetiva voltada a diminuir, suspender ou mesmo eliminar possibilidades de desfrute genericamente admitidas pelo ordenamento, restringe o direito a campo menor que o normal, atingindo unidades ou parcelas localizadas de particulares.

O condicionamento de direito apenas define o raio de atuação legítima do titular, já o sacrifício de direito restringe individualizadamente a atuação mas, inegavelmente, sempre dentro do interesse público.

Conclui-se, da distinção entre o condicionamento de direito e o sacrifício de direito, que no primeiro caso temos o ato correspondente ao gravame normal, apresentando-se o segundo, no dizer de Sundefeld, como "constrangimento extraordinário, excedente dos padrões de normalidade habitualmente aceitos".[114]

Para Elcio Trujillo, esse ato motivador de conseqüências prejudiciais ao particular atendendo ao interesse público — sacrifícios de direitos — é o que se denomina ato lícito danoso.[115]

Portanto, em tema de responsabilização do Estado por ato lícito, teremos, necessariamente, a conjugação entre o ato lícito e o dano.

O dano vai obviamente significar o prejuízo, perda, sacrifício, ataque a um direito.

Canotilho, tratando do tema aponta que "acto lícito danoso na sua caracterização tradicional é aquele que, de um modo voluntário e final, se dirige à produção de um dano na esfera jurídica de outrem: o agente lesante tem a certeza, consciência e vontade de causar um prejuízo"[116]

---

113. Sundfeld, *op. cit.*, p. 87, nota 104.
114. *Ibid.*, p. 94, nota 104.
115. Trujillo, Elcio, *op. cit.*, p. 97.
116. Canotilho, *op. cit.*, pp. 79-80, nota 48.

Portanto, nessa condição, o dano querido é na responsabilidade por atos lícitos, um elemento inseparável da ação.[117]

Em tais casos, como afirma Trujillo, a responsabilidade será objetiva.[118]

A par da responsabilidade objetiva, distingue Jean Rivero os casos de responsabilidade objetiva por risco (acidentes de trabalho ou danos ocasionados por coisas perigosas, como explosivos, linhas de transmissão de energia elétrica, armas utilizadas pela polícia) dos casos de responsabilidade sem qualquer culpa ou deficiência do serviço.

Seriam, em verdade, danos por atividade lícita (*"Droit Administratif"*, 3ª ed., p. 253)[119]

Também Zanobini recepciona o ato lícito praticado pela Administração Pública, como idôneo para gerar a responsabilização do Estado (*"Corso di diritto ammistrativo"*, 6ª ed., 1950, vol. I, p. 278)[120]

Do ato daninho por parte da Administração é que decorre a responsabilidade, posto que esta não surge como fato social autônomo, ou seja, faz-se mister ter havido antes um fato danoso para que ela possa surgir no mundo fático, consoante determinado no ordenamento jurídico.

Explica enfaticamente Cretella Júnior que "não há responsabilidade sem prejuízo"[121]

Daí a conclusão lógica de Elcio Trujillo para quem *"a responsabilidade do Estado por ato lícito decorre do dano motivado por este ao particular tendo em vista sempre, com o sacrifício imposto, o interesse público".*[122]

As ilações que se tira do explicitado é que, voluntariedade e a consciência são, por excelência, características do ato lícito, destacadas que são na doutrina alemã e italiana.

Giovani Duni, nessa linha de entendimento, sustenta a tese de que, "quando se fala da responsabilidade por atos lícitos, entende-se

---

117. *Ibid.*, p. 80.
118. Trujillo, Elcio, *op. cit.*, p. 97.
119. Stoco, Rui. *Responsabilidade Civil e Sua Interpretação Jurisprudencial*. São Paulo, ERT, 1994, p. 273-274.
120. Stoco Rui, *op. cit.*, *Idem*, p. 274.
121. Cretella Júnior, *op. cit.*, p. 5, nota 2.
122. Trujillo, Elcio, *op. cit.*, p. 98.

a obrigação de reparar o dano que se é autorizado a produzir ainda com a certeza, consciência e vontade que uma certa ação possa causá-lo"[123]

A tradicional doutrina aponta que, em tais casos, não havendo relação entre a reparação e dano produzido de forma antijurídica, a ressarcibilidade se constitui em "conversão de direitos do lesado no seu equivalente pecuniário com natureza diversa da verdadeira responsabilidade". É a posição adotada por Duni.

Já Renato Alessi, tido e havido como um dos precussores no desenvolvimento de teoria a respeito da distinção entre atos lícitos e atos ilícitos da Administração, se posiciona, tendo em vista a obrigação estatal de reparar valores, de forma diferenciada, a ofensa ao direito subjetivo do administrado e a sua compensação econômica conforme o dano seja produzido por uma ou outra categoria de atos.[124]

Segundo seu entendimento, em relação aos atos lícitos há apenas uma "lesão", uma debilitação do direito do particular, enquanto que nos atos ilícitos, há uma "violação", uma afronta aos direitos do mesmo. Aos primeiros, corresponde o instituto da indenização, cujo conteúdo é restrito e objetivo, limitado ao valor efetivo e atual do bem, objeto do direito sacrificado. Aos segundos, corresponde o instituto do ressarcimento que compreende todos os caos derivados do fato ilícito que motiva um nexo de causa e efeito e sempre que se trata de dano imediato e direto.[125]

Igualmente partidário da distinção da natureza da obrigação decorrente de atos lícitos, Garrido Falla desenvolveu a denominada "teoria da indenização em Direito Público". Sustenta que são diferentes os institutos da indenização e da responsabilidade, argumentando que o primeiro, típico do Direito Público Administrativo, enquanto que o segundo, comum ao Direito privado e ao Direito Administrativo, surge como conseqüência da atividade da Administração.

Assegura ainda que, a indenização decorre de sacrifício ou negação de direitos individuais pela atividade administrativa de polícia, quando produz danos singulares, avaliáveis economicamente e que importem no sacrifício de verdadeiros direitos.[126]

---

123. Duni, Giovani. *Lo Stato e la Responsabilitá Patrimoniale*. Milano, Dottª Giuffré, 1968, p. 78.
124. Trujillo, Elcio, *op. cit.*, p. 99.
125. Alessi, *op. cit.*, pp. 243-249, nota 24.
126. Garrido Fala, *op. cit.*, pp. 238-243, nota 25.

Daí entender Trujillo que, "a necessidade da distinção entre atos lícitos e atos ilícitos visando à responsabilidade do Estado, muito mais do que simples debate doutrinário, traz importantes e destacadas conseqüências do ponto de vista prático, vez que amplia as garantias dos administrados perante a Administração Pública, assegurando a produção do dano decorrente da atividade estatal"[127]

2.1. Requisitos do Ato Lícito Danoso

Conforme já discorremos, surge a responsabilidade do Estado quando, embora praticando atos nos limites previstos na legislação e para atender a sua própria finalidade, motiva danos a terceiros.

É que, segundo o magistério de Caio Mário da Silva Pereira, respaldado nas lições doutrinárias de Amaro Cavalcanti, Pedro Lessa, Aguiar Dias, Orozimbo Nonato e Mazeuad et Mazeuad, positivado o dano, "o princípio da igualdade do ônus e dos encargos exige a reparação. Não deve um cidadão sofrer as conseqüências do dano. Se o funcionamento de serviço público, independentemente de verificação de sua qualidade, teve como conseqüência causar dano ao indivíduo, a forma democrática de distribuir por todos a respectiva conseqüência conduz a imposição à pessoa jurídica do dever de reparar o prejuízo e, pois, em face do dano, é necessário e suficiente que se demonstre o nexo de causalidade entre o ato administrativo e o prejuízo causado"[128].

Não é diferente a lição de Celso Antônio, para quem "o fundamento da responsabilidade estatal, no caso de comportamentos lícitos, é a repartição eqüânime dos ônus provenientes de atos ou efeitos lesivos".[129].

Leciona George Vedel, citado por Rui Stoco, que o dano causado pela Administração ao particular "é uma espécie de encargo público que não deve recair sobre uma só pessoa, mas que deve ser repartido por todos, o que se faz pela indenização da vítima, cujo ônus defi-

---

127. Trujillo, Elcio. *A Responsabilidade do Estado por Ato Lícito*. São Paulo, Editora de Direito, 1996, p. 100.
128. Pereira, Caio Mário da Silva. *Instituições de Direito Civil*. Rio de Janeiro, Forense, 1961, vol. I, p. 466, n. 116.
129. Bandeira de Mello, Celso Antônio. *Elementos de Direito Administrativo*. São Paulo, Ed. RT, 1980, pp. 252-253.

nitivo, por via do imposto, cabe aos contribuintes" (George Vedel e P. Delvolve, *Droit Administratif*. Presses Universitaires de France, 9B ed., 1984, pp. 444-449).[130]

Portanto, será indenizável, quando, embora o ato seja lícito, motivado pelo interesse público, causar um prejuízo especial e anormal, isto é, ato impositivo de sacrifício e não simplesmente, restritivo de direito.[131]

Essa imposição, todavia, para motivar o reconhecimento da responsabilidade do Estado, exigirá a combinação desses dois requisitos mencionados: especialidade e anormalidade posto que, ausentes essas condições, o ato será considerado restritivo de direitos sendo abrangente de toda a coletividade ficando, portanto, dentro da esfera de atuação do mundo social.

Todos assumem as restrições ou os encargos em razão do interesse público.

Contudo, conforme pontifica Elcio Trujillo, havendo a especialidade e anormalidade, a situação surge diversa posto que em tal caso, apenas um ou alguns passam a responder pelas conseqüências do ato em benefício da coletividade, suportando gravame superior aquele limite fixado para o geral.[132]

Cumpre recordar, seguindo Canotilho, que "o Estado pode causar prejuízos merecedores de tutela reparatória no exercício de qualquer das funções soberanas: legislativa, administrativa e jurisdicional".[133]

2.2 Limites do Âmbito do Dano Ressarcível

Segundo o magistério de Elcio Trujillo, a fixação dos requisitos legais para o reconhecimento da responsabilidade do Estado decorrente de atos lícitos, obedece à lógica jurídica, faz-se em concordância com os preceitos estabelecidos pela categoria ampla da responsabilidade extracontratual estatal.

---

130. Stoco, Rui. *Responsabilidade Civil e Sua Interpretação Jurisprudencial*. São Paulo, ERT, 1994, p. 274.
131. *Ibid.*, p. 101.
132. Trujillo, Elcio, *op. cit.*, p. 101.
133. Canotilho, *op. cit.*, p. 144, nota 48.

Submete-se, portanto, esta obrigação reparatória, segundo orientação prevalente na doutrina, ao regime de responsabilidade objetiva pressupondo, em conseqüência, como requisito, a existência do nexo causal entre a atividade realizada pela Administração e o evento danoso.[134]

No caso em estudo, será indenizável o dano decorrente de ato lícito desde que além dos pressupostos já suso apontados, apresente o caráter de especialidade e de anormalidade.

Dentro deste contexto, devem existir as seguintes condições ou requisitos para a composição do dano:

1 — deve mediar o dano;
2 — o dano deve ser ocasionado por Ato da Administração;
3 — deve haver uma relação de causalidade entre o dano sofrido e o ato praticado.

Duez sustenta que o dano pode ser patrimonial no sentido de que se enquadre nas garantias da propriedade privada, podendo, também, compreender toda lesão ao particular, à sua capacidade de trabalho etc., sempre que seja apreciável pecuniariamente. O dano deve ser certo no sentido de que não resulte hipotético. Pode, porém, ser futuro enquanto é um dano que se aperfeiçoa. Deve ser particularizado, especial, não geral. Em suma, deve haver um sacrifício especial.[135]

Essas duas características do dano — especialidade e anormalidade — são, pois, condições essenciais para a concessão da indenização ressaltadas principalmente pela doutrina e jurisprudência francesas e acatadas na universalidade dos países que admitem a responsabilização do Estado decorrente da prática do ato lícito.[136]

Nesse sentido a manifestação de Vedel[137], Waline[138], Laubadère[139] e Rivero[140], considerando o prejuízo indenizável aquele

---

134. Trujillo, Elcio, *op. cit.*, pp. 101-102.
135. Duez, *op. cit.*, p. 145, nota 31.
136. Trujillo, Elcio. *A Responsabilidade Civil do Estado por Ato Lícito*. São Paulo, Editora de Direito, 1996, p. 102.
137. Vedel, Georges. *Droit Administratif*. Paris, Presses Universitaires de France, 4ª ed.,1968, p. 371.
138. Waline, Marcel. *Droit Administratif*. Paris, Sirey, 8ª ed., 1959, p. 753.
139. Laubadère, *op. cit.*, pp. 726-727, nota 46.
140. Rivero, *op. cit.*, p. 341, nota 3.

especial e de uma particular gravidade, excedendo aos encargos normais impostos à pessoa ou à coletividade.[141] Tratando da matéria, Sayagués Laso expressa a mesma opinião, afirmando ser condição para o surgimento da responsabilidade que o dano seja especial, excedendo aos sacrifícios normais próprios da vida em sociedade. Acrescenta também a estas características a necessidade de o dano ser certo, real e apreciável materialmente em dinheiro.[142]

Considera, todavia, este autor que não são indenizáveis os prejuízos hipotéticos e futuros e os puramente normais.[143] Discorda assim de Duez, no que se refere à temporalidade do dano, não admitindo, como apto a ensejar a responsabilidade estatal, o dano futuro.

Assim sendo, é de se recepcionar a especialidade e a anormalidade decorrentes de ato impositivo de sacrifício servindo como pressuposto do próprio ato lícito danoso, e também como marco a fixar o limite do dano ressarcível, ou seja, haverá indenização apenas quando demonstrados esses dois fatores, não bastando a simples gravidade do prejuízo apontado.

2.3 A Responsabilidade do Estado por Atos Legislativos

O Estado, via de regra, não responderá por danos resultantes de atos legislativos. Ter-se-ia, então um caso de irresponsabilidade estatal, baseado nos argumentos de que:

a) a lei é um ato de soberania, e como tal se impõe a todos, sem que se possa reclamar qualquer compensação;
b) o ato legislativo cria uma situação jurídica geral, objetiva, impessoal, abstrata, não podendo atingir situação jurídica individual e concreta, pois se aplica a todos e por igual; está por isso, segundo a maioria da doutrina e da jurisprudência, ao abrigo da responsabilidade extracontratual do Estado;
c) a lei nova não viola direito preexistente;
d) a determinação da responsabilidade estatal por atos legislativos paralisaria a evolução da atividade legislativa, pois se impedisse o legislador de desempenhar suas funções, atender-

---

141. Trujillo, Elcio, op. cit., p. 102.
142. Sayaghés Laso, Enrique. Tratado de Derecho Administrativo. Montevideo, Martins Bianchi Altuna, 1953, v. 1, pp. 610-611.
143. Ibid., p. 611.

se-ia mais aos interesses particulares, obstando o progresso social;

e) o prejuízo causado por ato legislativo foi provocado pelo próprio lesado que, por ser membro da sociedade, elegeu seus representantes para o Parlamento, conseqüentemente, não se poderá falar em responsabilidade do Estado pelas lesões oriundas.[144]

A regra, todavia, não é absoluta comportando exceções, pois, como assegura Maria Emilia Mendes Alcântara, há hipóteses em que se admite a responsabilidade estatal por lesões resultantes de atividade legislativa, tais como:[145]

a) O fato de o próprio legislador ter estabelecido a responsabilidade do Estado fixando a indenização na própria lei causadora do prejuízo, embora isso possa suscitar problemas em relação ao quantum da indenização.

b) A circunstância de o ato legislativo constitucional ter causado imediata ou diretamente lesão, de ordem patrimonial, especial e anormal a um cidadão ou a um grupo de cidadãos, pois a norma constitucional, no artigo 37 § 6.º, não faz distinções entre atos administrativos, legislativos e jurisdicionais. Não poderá haver lei que negue direito à indenização, já que o lesado poderá questionar sua inconstitucionalidade.[146] Entretanto, neste caso, pondera Maria Emília Mendes Alcântara, "o dano não decorrerá de ato legislativo inconstitucional mas de ato lícito".[147] A inconstitucionalidade residiria tão-somente na negação ao ressarcimento do dano, porém o dano, em si, foi causado por outro dispositivo (constitucional) do mesmo diploma legal. Deveras, sendo a lei uma norma geral, impessoal e abstrata, não poderá provocar sacrifício ressarcível, mas meras vinculações sociais, condicionando o exercício dos direitos dos cidadãos. Porém, mesmo que se aceite esta tese, às vezes, na realidade,

---

144. Diniz, Maria Helena. *Curso de Direito Civil*. São Paulo, Saraiva, 1993, 7ª ed., p. 438.
145. Alcântara Mendes, Maria Emília. *op. cit.*, p. 67-88 e 95 e 96.
146. Diniz, Maria Helena, *op. cit.*, p. 439.
147. Alcântara Mendes, Maria Emília. *op. cit.*, pp. 67-68.

a lei tem executividade imediata, atingindo apenas situações particulares, onerando uma pessoa de modo especial e anormal, que sofrerá então, danos excepcionais resultantes diretamente da lei, caso em que se configurará responsabilidade do Estado por se não ter observado o princípio da isonomia. Se a atividade estatal não respeitar o princípio da igualdade de todos perante a lei, justifica-se, plenamente, o dever ressarcitório da pessoa jurídica de direito público, que deverá, então, pagar a devida indenização ao lesado. P. ex.: o monopólio instituído por lei, muitas vezes, é apontado pelos juristas como hipótese de ato legislativo constitucional que pode causar dano indenizável pelo Estado.

c) A ocorrência de dano causado a alguém em razão da ilegalidade ou inconstitucionalidade do ato legislativo, ou melhor, se houve lesão causada por lei inconstitucional, poderá haver responsabilidade estatal. Todavia para que haja a responsabilidade estatal, será necessária a declaração de inconstitucionalidade da lei que causou o dano (TJSP, RDA, 81:133). Mas, se a inconstitucionalidade do ato legislativo for irrelevante para a produção do evento danoso, que ocorreria de qualquer modo, mesmo se ela fosse inconstitucional, poder-se-á pleitear uma indenização do Estado, dando-se àquela lei tratamento de ato constitucional lesivo, não se exigindo para tanto a declaração de sua inconstitucionalidade.

d) A omissão legislativa também pode levar à responsabilização do Estado, desde que haja um prazo fixado para a emanação daquelas normas complementares à Constituição.[148]

O Estado que paga a indenização ao lesado terá direito de regresso contra o lesante, mas não haverá tal ação regressiva contra o legislador faltoso, visto que ele se encontra, relativamente aos demais agentes públicos, numa posição mais favorável ante o estatuído no comando do artigo 53 da Constituição Federal, ao assegurar que "os deputados e senadores são invioláveis no exercício do mandato, por suas opiniões, palavras e votos. Assim sendo, ainda que o legislador apresente ou vote projeto de lei manifestamente inconstitucional, que

---

148. Diniz, Maria Helena. *op. cit.*, pp. 439-440.

poderá originar responsabilidade do Estado, não estará sujeito a responder regressivamente.[149]

2.4 A Responsabilidade do Estado por Atos Jurisdicionais

Na lição de Arruda Alvim a "função jurisdicional é aquela realizada pelo Poder Judiciário, tendo em vista aplicar a lei a uma hipótese controvertida, mediante processo regular, produzindo, afinal, coisa julgada, como o que substitui definitivamente, a atividade e vontade das partes".[150]

A questão que se apresenta é se saber se existe ou não responsabilidade do Estado por atos praticados no exercício da função jurisdicional.

Há autores que têm resistido à idéia da responsabilidade estatal por atos judiciais argumentando que:[151]

a) o Poder Judiciário é soberano, pois o exercício da função jurisdicional está acima da lei, logo, de sua atuação não poderá resultar responsabilidade para o Estado;
b) os juízes agem com absoluta independência, não sofrendo nenhuma pressão que empane sua autonomia funcional. A irresponsabilidade do Estado por ato jurisdicional decorreria da independência funcional da magistratura, pois se assim não fosse, o órgão judicante poderia se atemorizar ao prolatar as sentenças, pelas conseqüências que elas poderiam acarretar;
c) a responsabilidade patrimonial do Estado imposta pelo artigo 37, § 6.º da Constituição Federal é alusiva a ato danoso praticado por funcionário público. Assim como o magistrado não é funcionário público, mas sim agente político, não se pode invocar o dispositivo para responsabilizar o Estado por ato jurisdicional;
d) o art. 133 do Código de Processo Civil estabelece a responsabilização civil do juiz quando agir dolosamente ou fraudulentamente;
e) a imutabilidade da coisa julgada.[152]

---

149. *Ibid.*, p. 440.
150. Arruda Alvim, *Curso de Direito Processual Civil*, Revista dos Tribunais, v. 1, p. 149.
151. Aguiar Dias, *op. cit.*, v. 2, p. 320. Alcântara Mendes, Maria Emília, *op. cit.*, p. 20.
152. Diniz, Maria Helena, *op. cit.*, p. 442-443.

Em verdade, a tese da irresponsabilidade estatal decorrente dos atos jurisdicionais, paulatinamente vem perdendo terreno, não só em razão do princípio da igualdade dos encargos sociais, segundo o qual o lesado fará jus a uma indenização toda vez que sofrer um prejuízo causado pelo funcionamento do serviço público, mas também porque os argumentos em que se baseia não são convincentes, pois:

a) a soberania, no Estado de Direito, é reconhecida à Nação e não a qualquer de seus poderes, em si mesmo. Mesmo que se admitisse a soberania do Judiciário, este fato não exoneraria o Estado de ressarcir os danos por atos jurisdicionais, por não haver autonomia entre soberania e responsabilidade, pois soberania não quer dizer infalibilidade ou irresponsabilidade.

b) a independência da magistratura não é argumento viável para afirmar a irresponsabilidade do Estado, pois é preci-samente porque a responsabilidade seria do Estado e não do juiz que a independência deste estaria assegurada;

c) o termo "agente" empregado no art. 37, § 6.º da Constituição Federal abrange todos os que agem em nome do Estado;

d) a conclusão de que se o Código de Processo Civil firmou a responsabilidade pessoal do magistrado foi porque o Estado é irresponsável pelos seus atos lesivos é errônea. Estado e magistrado constituem um todo indissociável; se o juiz causar prejuízo a alguém, p. ex., por demora na prestação jurisdicional, o Estado responderá patrimonialmente;

e) a intangibilidade ou irretratabilidade da coisa julgada é insuficiente para justificar a irresponsabilidade estatal por atos judiciais. A autoridade da coisa julgada não constitui um valor absoluto, pois, entre ela e a idéia de justiça, a última prevalecerá, porque se a res judicata tem por escopo a segurança e a paz jurídica, estas estarão mais do que respeitadas, se desfizer uma sentença injusta, reparando-se o lesado de todos os danos que sofreu.[153]

Por essas razões, afirma José de Aguiar Dias "poder-se-á afirmar que há responsabilidade do Estado por atos jurisdicionais que tenham

---

153. *Ibid.*, p. 445.

causado lesão material ou moral a outrem, que terá, por isso, direito a uma reparação pecuniária porque:[154]

a) o Estado poderá responder civilmente pelos atos lesivos praticados pelos órgãos do Poder Judiciário nos casos expressamente declarados em lei;

b) a ação de responsabilidade do Estado não exige distinção entre atos administrativos, legislativos ou jurisdicionais; requer-se tão-somente prova do dano e de que ele foi causado por ato do agente público;

c) o Código de Processo Penal, no art. 630, e a Constituição Federal, no art. 5.º, LXXV, 1ª alínea, reconhece a responsabilidade do Estado por ato jurisdicional, ao conceder indenização ao condenado reabilitado, ou seja, à vítima de erro judiciário, em caso de sentença criminal injusta e prisão preventiva injustificada. É preciso esclarecer que o julgamento, tanto no cível como no crime, pode consubstanciar-se no erro judiciário, dando origem a uma reparação econômica paga pelo Estado ao lesado;

d) a ma-fé, abuso ou desvio de poder do magistrado, também ensejam à responsabilização do Estado, respondendo o juiz pelo seu ato na ação regressiva, se agiu com dolo.

e) a ação de revisão ou de rescisão de sentença, em matéria civil, por estar eivada de vício previsto pelo art. 485 do Código de Processo Civil, desfazendo os efeitos da decisão causadora do dano, também possibilita a sua reparação, pois o magistrado, na relação processual é agente estatal;

f) as decisões interlocutórias também poderão ser passíveis de responsabilização do Estado, se causadoras de dano ao súdito. Por exemplo podemos citar o despacho negatório de liminar em ação mandamental, pois, embora em muitos casos não seja o juiz o causador direto do dano, ao indeferir a liminar, cria condições para que haja a concretização do prejuízo, pela não-determinação de garantia da instância, pelo retardamento injustificado da sentença;

---

154. Aguiar Dias, *op. cit.*, v. 2, p. 328.

g) o erro jurídico, ou melhor, a interpretação e aplicação das leis feitas pelo juiz, se lesivo, poderá dar origem a uma responsabilidade por ato lícito.[155]

Tema por demais interessante, no campo da Responsabilidade do Estado decorrente da atividade jurisdicional, é o referente à responsabilidade derivada do poder geral de cautela do juiz, haja vista, que em casos desse jaez deve-se ter em mente se a medida foi decretada a requerimento da parte interessada na concessão da medida, ou se foi decretada ex-officio pelo julgador.

Quando a medida é concedida em reposta a requerimento da parte, a solução é dada pelos artigos 16, 17, 811, I, II e III todos do Códex de Processo Civil, sendo responsabilizado aquele que requereu a medida ao órgão do Judiciário.

Por outro lado, a questão muda de figura, quando o ato jurisdicional é praticado de ofício, como nas hipóteses dos artigos 798 e 799 do Código de Processo Cívil, bem como no poder geral de cautela do juiz.

Nessa hipótese, segundo discorre Marcos Vinícius de Abreu Sampaio, o juiz não poderá arcar com os prejuízos derivados da providência cautelar, fornecida por ele de ofício.[156]

E explica o mesmo escolialista, "isso porque o magistrado tem de ter uma autonomia e liberdade de atuação, sem restrições da ordem da possível responsabilidade civil decorrente de seus atos, a fim de cumprir com êxito e da melhor forma a sua função jurisdicional. Se entender ele necessária a concessão da medida, sem que haja requerimento da parte, deverá ele fazê-lo, sem receio de que poderá ser apenado pela execução do seu ato".[157]

Se admitíssemos o contrário, muito provavelmente a faculdade que o legislador confere ao magistrado de, em hipóteses específicas, conceder de ofício a tutela jurisdicional cautelar, representaria uma letra morta na legislação, já que poucos seriam os juízes a utilizá-la, em face do risco de assumir a responsabilidade decorrente da revo-

---

155. Diniz, Maria Helena, op. cit., p. 447.
156. Sampaio, Marcus Vinícius de Abreu. O Poder-Geral de Cautela do Juiz. ERT, 1993, p. 201.
157. Sampaio, Marcus Vinícius de Abreu, op. cit., p. 202.

gação futura da cautela, o que implicaria em violação, pelo magistrado ao princípio constitucional da inafastabilidade do controle judicial.

Impende finalmente ressaltar que há ação regressiva do Estado contra o magistrado, ou seja, o juiz singular, se este agiu dolosa ou culposamente, mas quanto aos atos jurisdicionais lesivos dos Tribunais não caberá tal ação contra o agente que causou o dano, por serem atos de órgão colegiado. Assim sendo, pelos atos jurisdicionais praticados pelos Tribunais, só o Estado será responsabilizado, não tendo direito regressivo contra qualquer desembargador ou ministro que concorreram para a deliberação viciada, pois estão acobertados pelo manto da irresponsabilidade, mesmo se agiram com dolo ou culpa.

2.5. A Questão Posta à Luz da Jurisprudência

Neste item, referentemente ao tema estudado, trazemos à colação alguns julgados onde vêm, em razão das diversas atividades da Administração, reconhecida a figura da indenização decorrente de ato lícito quando daninho ao interesse do particular em decorrência da especialidade e também da anormalidade.

Iniciaremos por trazer à lume decisão proferida em recurso de apelação, em que o Eg. Tribunal de Justiça do Estado de São Paulo, por sua Segunda Câmara e tendo como relator o Desembargador Cezar Peluso, entendeu que *"não exclui a responsabilidade, que é objetiva, o tratar-se de dano oriundo de atividades lícitas. Há obrigação de restituir, porque, embora lícito o ato, é anormal e especial o dano, à medida que transcende os limites dos incômodos naturais da vida societária e onera uma só pessoa, na singularidade de sua condição funcional (hospital). A responsabilidade do Estado abrange tanto os danos provenientes de atividades lícitas quanto atividades ilícitas, não havendo porque cindir e apartar de seu campo de abrangência os danos provenientes de atividades lícitas"*[158]

Em mesmo acórdão: *"Queda de movimento de pacientes em hospital particular durante período trienal das obras — Irrelevância que o dano tenha origem em atividades lícitas — verba devida — Ação procedente — recurso provido".*

O Ministro Carlos Velloso em voto perante a Segunda Turma do Eg. Supremo Tribunal Federal, salientou que *"sofrendo o par-*

158.TJSP, Segunda Câmara, Apelação n.º 120.912 — 1, j. 28.08.90.

um prejuízo, em razão da atuação estatal, regular ou irregular, no interesse da coletividade, é devida a indenização, que se assenta no princípio da igualdade dos ônus e encargos sociais".[159]

Em outro aresto decidiu o Tribunal que *"A municipalidade responde pelos prejuízos causados a prédio particular por motivo de obra pública que deixou em nível inferior".*[160]

Cita com muita propriedade Rui Stoco, os seguintes arestos jurisprudenciais denotativos da ocorrência de dano anormal e especial, impositivos da obrigatoriedade de o Poder Público, indenizar o particular pelo dano sofrido:

"Ao município é lícito, com vistas ao bem comum, alterar o nível das vias públicas, mas deve ressarcir ao particular pelos danos que a obra pública ocasionar em prédios já existentes, construído sob licenciamento e regular aprovação da Prefeitura" (1ª Câmara Cível do TRJS, 25.3.80, RJTJRS 81/399).

"A municipalidade responde pelo prejuízo causado a particular, com a obstrução de garagem, ocorrida com a elevação do nível da rua" (4ª Câmara Cível do TJSP, 13.10.77, RT 537/108)[161]

Os julgados retro citados referem-se a atos praticados na esfera do executivo em razão da própria natureza do questionamento e maior volume de conflitos advindos em conseqüente procura da prestação jurisdicional.

A responsabilidade na modalidade estudada, desde que atendidos os pressupostos complementares referidos — especialidade e anormalidade — surgem em todas as esferas da Administração Pública.

Assim é que, no *leading case*, em julgamento ocorrido perante a 5ª Câmara do Tribunal de Alçada Cível do Estado de São Paulo, de 4.8.78, tendo como relator o MM. Juiz Márcio Sampaio, ficou decidido pelo cabimento de indenização a favor do apelante, empresa exploradora de madeiras, pelos prejuízos sofridos em função de lei estadual que criou a reserva florestal do Vale do Paraíba, afetando totalmente o direito de propriedade da autora, ao proibir o corte de

---

159. STF, Segunda Turma, RE. J. 18.02.92, *in* RT 682/239.
160. TJSP, Quarta Câmara, Rel. Lothário Octaviano. J. 13. 10 77, *in* RT 537/108.
161. Stoco, Rui. *Responsabilidade Civil e sua Interpretação Jurisprudencial*. São Paulo, ERT, 1994, p. 382.

suas matas. O fundamento utilizado foi o da particularização do sacrifício.[162]

Chama atenção Elcio Trujillo que no caso apresentado, em razão de ato legislativo resultou ao particular com sacrifício especial e anormal — exploração da propriedade — impondo-se a indenização posto que o particular não pode assumir, isolado, o prejuízo decorrente do ato praticado pela Administração devendo ser suportado por toda a sociedade em razão do pagamento de impostos.[163]

Também no âmbito do Judiciário, já se impôs ao Estado a obrigatoriedade do compor o dano causado a terceiro em decorrência de ato lícito, porém consubstanciado em erro judiciário. Foi o que decidiu o Egrégio Tribunal de Justiça de São Paulo, em acórdão da lavra do Desembargador Pacheco Matos, assim ementado:

"É indiscutível o direito do condenado de ser indenizado pelo período de tempo em que permaneceu preso, cumprindo pena de outro indivíduo seu homônimo". (TJSP, Ap. Cív. 227.092, j. em 09/10/73, Rel. Des. Pacheco de Mattos, RTJSP, 5/96).[164]

Na hipótese, o Estado em sua atividade lícita de prestação jurisdicional, impôs condenação ao agente que cometeu o delito. Todavia, por erro judicial, quem cumpriu a pena foi um particular, inocente, em razão de ser homônimo do condenado, o que tornou obrigatória a indenização por parte do Estado.

Dos estudos desenvolvidos, não se pode olvidar que, seguindo a posição doutrinária e da jurisprudência pátria, sempre que a Administração Pública, em decorrência de sua atividade em favor do interesse público — interesse primário — sacrificar direitos particulares — interesse secundário — resultando sacrifício especial e anormal, ficará obrigada a indenizar diante da observância do princípio da igualdade da repartição dos encargos.

---

162. São Paulo, Tribunal de Alçada. *Responsabilidade Civil do Estado. Exploração de Madeiras. Proibição. Indenização. Apelação Cível n.º 157.299*. Relator Juiz Maércio Sampaio. 4.8.71 — Revista de Direito Administrativo, Rio de Janeiro, v. 109, pp 172-176, jul/set. 1972.
163. Trujillo, Elcio, *op. cit.*, p. 116.
164. Figueira Júnir, Joel Dias. *Responsabilidade Civil do Estado Juiz*. Curitiba, Juruá Editora, 1995, p. 107.

CONCLUSÃO

1. Fica entendido que a responsabilização do Estado por atos lícitos foi conseqüência da evolução do princípio da legalidade, da teoria filosófica organicista e da evolução do Estado Constitucional.
2. A responsabilização do Estado tem por fundamento a obrigação legal imposta a este de ressarcir os prejuízos e danos causados ao particular quer pela ação quer pela omissão de seus prepostos ou agentes.
3. A responsabilidade publicista, cujo surgimento define o marco de autonomia do Direito Administrativo, é regida por princípios e regras de Direito Público resultando, por conseqüência, em exorbitantes e derrogatórias do direito comum, fundamentando-se na culpa e no risco administrativo com desdobramentos em responsabilidade subjetiva e responsabilidade objetiva.
4. O Elemento caracterizador da responsabilidade é a ocorrência de um prejuízo a alguém.
5. Quanto ao fundamento, a responsabilidade do Estado se apresenta bipartida em:
   a) danos provenientes de atividades ilícitas;
   b) danos provenientes de atividades lícitas.
6. Nos danos decorrentes de atividades ilícitas, o princípio informador é o da legalidade e o dano resultante da atividade é sempre ressarcível, ainda que reduzida a sua valoração econômica.
7. Nos danos provenientes de atividades lícitas, temos por fundamento a igualdade dos administrados perante os encargos públicos.

8. É causa excludente da responsabilidade da Administração a força maior, sendo que a culpa da vítima poderá diminuir ou até mesmo elidir totalmente a responsabilidade do Estado.
9. Exclui-se, também da obrigação estatal de indenizar em decorrência de atos lícitos danosos quando não demonstrados os atributos de especialidade e anormalidade, porquanto, em tal circunstância, o ato lesante situa-se no limite da suportabilidade decorrente da vida em sociedade.
10. Em relação aos danos decorrentes de atividades lícitas, o Estado responde com exclusividade perante o administrado lesado. No tocante aos danos decorrentes de atividades ilícitas, o Estado tem o direito-dever de exercer o direito de regresso contra o agente que agiu de forma ilícita, ressarcindo-se da prestação efetuada ao administrado lesado.
11. No exercício das funções executiva, legislativa e judiciária pode o Estado, efetivamente, causar danos injustos ao patrimônio dos administrados, sendo responsabilizado por tais atos.

ABREVIAÇÕES

Arq. Jud. .... Arquivo Judiciário

Rev. Forense. .... Revista Forense

R.T. .... Revista dos Tribunais

RJTJSP. .... Revista de Jurisprudência do Tribunal de São Paulo.

TJSP. .... Tribunal de Justiça de São Paulo.

STF. .... Supremo Tribunal Federal.

BIBLIOGRAFIA

Alcântara, Maria Emília Mendes. *Responsabilidade do Estado por Atos Legislativos e Jurisdicionais.* São Paulo, Revista dos Tribunais, 1988.
Alessi, Renato. *Instituciones de Derecho Administrativo.* Traducción dela 3ª ed. Italiana de Buenaventura Pilisé Prats. Barcelona, Dasa Editorial, s. d. t. 1 e 2.
Alvim, Arruda. *Curso de Direito Processual Civil.* Revista dos Tribunais, v. 1.
Araújo, Edmir Neto de. *Responsabilidade do Estado por Ato Jurisdicional.* São Paulo, Editora Revista dos Tribunais, 1981.
Bandeira de Melo, Celso A. *Apontamentos Sobre os Agentes e Órgãos Públicos.* São Paulo, Revista dos Tribunais, 1972.
Bandeira de Melo, Oswaldo Aranha. Conceito de Direito Administrativo. *Revista da Universidade Católica de São Paulo*, SP, v. 27 pp. 28-41, 1964.
Bastos, Celso Ribeiro. *Curso de Direito Constitucional.* São Paulo, Saraiva, 8ª ed., 1986.
Bielsa, Rafael. *Derecho Administrativo.* Buenos Aires, Roque Depalma, 5ª ed.,1957, t. 5.
Bonvicini, Eugênio. *La Responsabilitá Civili.* Milano, 1971, vol. I.
Brunini, Weida Zancaner. *Da Responsabilidade Extracontratual da Administração Pública.* São Paulo, Revista dos Tribunais, 1981.
Cahali, Yussef Said. *Responsabilidade Civil do Estado.* São Paulo, Revista dos Tribunais, 1982 .
Canotilho, José Joaquim Gomes. *O Problema da Responsabilidade do Estado por Atos Lícitos.* Coimbra, Almedina, 1974.
Cavalcante, Amaro. *Responsabilidade Civil do Estado.* Rio de Janeiro, Laemmert & C., 1905.

Cavalcanti, Themístocles Brandão. *Curso de Direito Administrativo.* Rio de Janeiro, Freitas Bastos, 10˚ ed., 1977.
Chaves, Antônio. *Responsabilidade Civil.* São Paulo, Bushatsky, 1˚ ed., 1972.
Cretella Jr., José. *Curso de Direito Administrativo.* Rio de Janeiro, Forense, 10˚ ed., 1989.
Dallari, Dalmo de Abreu. *Elementos de Teoria Geral do Estado.* São Paulo, Saraiva, 11˚ ed..
Di Pietro, Maria Sylvia Zanella. *Direito Administrativo.* São Paulo, Atlas, 3˚ ed., 1992.
Dias, José de Aguiar. *Da Responsabilidade Civil.* Rio de Janeiro, Forense, 10˚ ed., 1995. V. 1 e 2.
Diez, Manuel Maria. *Derecho Administrativo.* Argentina, Plus ultra, Vol. 5, 1971.
Diniz, Maria Helena. *Curso de Direito Civil Brasileiro.* São Paulo, Saraiva, 1991.
Dromi, José Roberto. *Manual de Derecho Administrativo.* Buenos Aires, Astrea, 1987, t. 1 e 2.
Duez, Paul. *La Responsabilité de la Puissance Publique.* Paris, Dalloz, 1927.
Duni, Giovanni. *Lo Stato e la Responsabilitá Patrimoniale.* Milano, Dott ª Giuffré, 1968.
Ferreira Filho, Manoel Gonçalves. *Curso de Direito Constitucional.* São Paulo, Saraiva, 1975.
Figueira Júnior, Joel Dias. *Responsabilidade Civil do Estado-Juiz.* Curitiba, Juruá Editora, 1995.
Frezzini. *Responsabilitá Administrativa.* Digesto Italiano, N. 13, *Apud* Cahali, Yussef Said.
Garrido Falla, Fernando. *Tratado de Derecho Administrativo.* Madrid, Instituto de Estudos Políticos, 4˚ ed., 1971, v.2.
Gasparini, Diógenes. *Direito Administrativo.* São Paulo, Saraiva, 1989.
Girard, Fréderic. *Manuel Élémentaire de Droit Romain.* 7˚ Edição.
Gomes Canotilho José Joaquim. *O Problema da Responsabilidade Civil do Estado Por Atos Lícitos.* Coimbra, Liv. Almedina, 1974.
Helene, Hélio. *Da Responsabilidade do Estado por Ato Legislativo.* São Paulo, Faculdade de Direito, 1984, p. 190. Tese (doutorado em Direito, Universidade de São Paulo), 1984.

Jellinek Georg. *Teoria General del Estado.* Tradução de Fernando de los Rios, Buenos Aires, Albatros, 1954.
Leite, Flamarion Tavares. *O Conceito de Direito em Kant.* São Paulo, Cone Editora, 1996.
Lessa, Pedro. *Do Poder Judiciário.* Rio de Janeiro, Francisco Alves, 1915.
Maluf, Said. *Teoria Geral do Estado.* São Paulo, Sugestões Literárias, 1978.
Mazagão, Mário. *Curso de Direito Administrativo.* São Paulo, Max Limonad, 1960
Meirelles, Hely Lopes. *Direito Administrativo Brasileiro.* São Paulo, ERT., 1991.
Mello, Oswaldo Aranha Bandeira de. *Princípios Gerais de Direito Administrativo.* Rio de Janeiro, Forense, vol. 1 e 2, 1969.
Monier Raymond. *Manuel Élementaire de Droit Romain,* Vol. II, n°. 41.
Montenegro, Antonio Lindbergh C. *Responsabilidade Civil.* Rio de Janeiro, Acanhoada Cultural Edições Ltda, 1986.
Pereira, Caio Mário da Silva. *Responsabilidade Civil.* Rio de Janeiro, Forense, 1996.
Riviero, Jean. *Direito Administrativo.* Trad. Rogério Ehrardt Sores. Coimbra, Almedina, 1981.
Rodrigues, Silvio. *Curso de Direito Civil.* 12ª ed., São Paulo, Saraiva, 1989, vol. 4.
Sampaio, Marcus Vinicios de Abreu. *O Poder Geral de Cautela do Juiz.* Editora Revista dos Tribunais, 1993.
Sandfeld, Carlos Ari. *Direito Administrativo Ordenador.* São Paulo, Malheiros Editores, 1993.
Sayagués Laso, Enrique. *Tratado de Derecho Administrativo.* Montevidéu, Martins Bianchi Altuna, 1953. V. 1.
Silva, Juary C. *A Responsabilidade do Estado por Atos Judiciários e Legislativos.* São Paulo, Saraiva, 1985.
Stoco, Rui. *Responsabilidade Civil e As Interpretação Jurisprudencial.* São Paulo, Editora Revista dos Tribunais, 1994.
Tácito, Caio. *Direito Administrativo.* São Paulo, Saraiva, 1975.
——. *Tendências Atuais Sobre a Responsabilidade Civil do Estado.* Comentário, Revista de Direito Administrativo, Rio de Janeiro, v. 55, 1959.
——. *O Poder de Polícia e Seus Limites.* Revista de Direito Administrativo. Rio de Janeiro, vol. 7, 1952.

Tavares, José de Farias. *O Código Civil e a Nova Constituição.* Rio de Janeiro, Forense, 1992.
Trujillo, Elcio. *A Responsabilidade do Estado por Ato Lícito.* São Paulo, Editora de Direito, 1996.
Vedel, Georges. *Droit Administratif.* Paris, Presses Universitares de France, 4ª ed., 1968.
Waline, Marcel. *Droit Administratif.* Paris, Sirey, 8ª ed., 1959.
Zanobini, Guido. *Corso di Dirito Admministrativo.* Milano, Dott. A. Giuffré, 6ª ed., 1952.

Outros Títulos

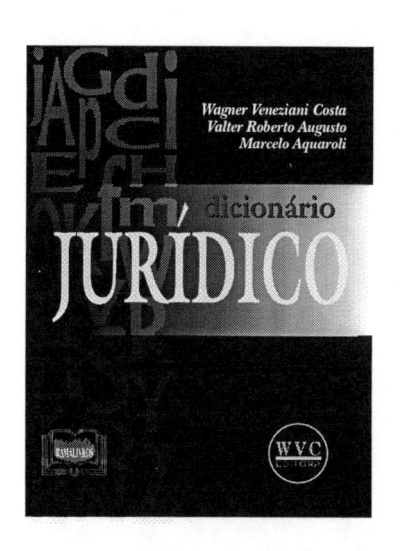

DICIONÁRIO JURÍDICO
Wagner Veneziani Costa
Valter Roberto Augusto
Marcelo Aquaroli

formato: 10 x 13,5cm

Faça já o seu pedido!

Rua Francisco Baruel, 70 — Santana
02403-020 — São Paulo — S.P.
Tel.: (0_ _11) 6959.1127 — Fax: (0_ _11) 6959.3090
http://www.madras.com.br/wvc

Outros Títulos

TEMAS DE CLASSE
Sobre ética profissional do advogado
Rony Aliberti Hergart

formato: 14 x 21cm

Faça já o seu pedido!

Rua Francisco Baruel, 70 — Santana
02403-020 — São Paulo — S.P.
Tel.: (0_ _11) 6959.1127 — Fax: (0_ _11) 6959.3090
http://www.madras.com.br/wvc

Cadastro/Mala direta

Invista mais em você!

Envie este cadastro preenchido e passará receber informações dos nossos lançamentos, nas áreas que determinar.

Nome _____
Endereço Residencial _____
Bairro _____ Cidade _____
Estado _____ CEP _____ Fone _____
e-mail _____
Sexo ☐ fem. ☐ Masc.   Nascimento _____
Profissão _____ Escolaridade (nível/curso) _____
_____ Faculdade _____ Ano _____

Você compra livros:
☐ nas livrarias ☐ em feiras ☐ por telefone ☐ reembolso postal
☐ outros: _____

Quais as áreas de livros que você lê:
☐ jurídicos ☐ sociologia ☐ romances ☐ técnicos ☐ esotéricos
☐ ficção científica ☐ psicologia ☐ informática ☐ religiosos
☐ outros: _____

Qual a sua opinião a respeito desta obra? _____
_____
_____

Indique amigos que gostariam de receber a MALA DIRETA:
Nome _____
Endereço _____ N.º _____
Bairro _____ CEP _____ Cidade _____

Nome do Livro Adquirido: *A Responsabilidade do Estado por Ato Lícito*

WVC Gestão Inteligente Comercial Ltda.

Rua Francisco Baruel, 70 - Santana
02403-020 - São Paulo - S.P.
.Tel.: (011) 6959.1127 - Fax: (011) 6959.3090
http://www.madras.com.br/wvc

Para receber catálogos, lista de preços
ou enviar originais escreva para:

W.V.C
EDITORA

GESTÃO INTELIGENTE COMERCIAL LTDA.

Rua Francisco Baruel, 70 — Santana
02403-020 — São Paulo — S.P.
Tel.: (0_ _11) 6959.1127 — Fax: (0_ _11) 6959.3090
http://www.madras.com.br/wvc